JN117715

快剣撥雲

豊穣の剣道

作道正夫 著

体育とスポーツ出版社

快剣撥雲　豊穣の剣道　目次

題字＝千原艸炎
カバーデザイン＝岩田次男

第一章 競技文化とは何か、勝敗文化とは何か

競技文化とは何か、勝敗文化とは何か

「競技文化」「勝敗文化」ということについて簡潔に述べたい。「競技文化」とは端的にいえば、〈どのような技で、どのように競い合い、勝敗を決するか〉ということである。「どのような技」とは「有効打突＝一本」のことである。「どのように競い合うか」とは競技規則によって規定された場面設定のもとに、一本をめぐる攻防をどう展開するかということになる。そして、審判によって勝敗が決定される。

これに対して「勝敗文化」はいわば勝利至上主義に「競技文化」が翻弄され主客が転倒してしまっている試合内容のことをいう。本来「競技文化」であるはずのものが、何故に「勝敗文化」に浸食されてしまうのか。その実態を探り、「競技文化」への回帰の方法を展望してみたい。

剣道の競技特性を考える

1　国民体育大会の特徴からアプローチする

国体における剣道競技の特徴を端的にいえば「少年の部」は「勝敗文化」として、「成年の部」は「競技文化」として展開され、一つの大会で、二つの試合内容が同居していると結論される。

以下、要約的に述べてみたい。まず、「少年の部」の勝敗文化的試合内容は、一つには、立合いから二、三秒で打ちを出す試合がほとんどであること。つまり、中途半端な甘い打ちや不安からの衝動的な打ち出しがパターン化していて、「気・剣・体」一致の打突には程遠く、有効打突となる確率は極めて低い。

二つには、このことを受けて当然のなりゆきとして鍔ぜり合いになってしまうケースが極めて多くなる。もしも、剣道をまったく知らない人が大会会場へ足を踏み入れたとするならば、その瞬間に「剣道という競技は鍔ぜり合い競技」であるとの印象を持つのではないかと思えるほど、ひんぱん化し、戦術化してしまっている。あたかも柔道の組み手あらそいや、ボクシングのクリンチまがいの接近戦的時間・空間が剣道競技となってしまっているのである。

三つ目は、二つの特徴を受けて決まり技としての「引き技」の決定率が極めて高いということである。緊張感が増大するなかで、触刃（しょくじん）と交刃（こうじん）の間合における構えと間合の攻防からの技よりも、この鍔ぜり合い場面は危険度が低く、いきおい「引き技」による勝敗の決定率の高さを求める試合内容の定着化が進行してしまっている。

以上の三点セット（「二、三秒で技を出す」「鍔ぜり合いが多い」「引き技の決定率が高い」）は、学生剣道（大学）にも持ち越されてきており、試合時間の三分の二を占めるような状況下にあるのである。勝利至上主義の渦巻くなか、青少年の剣心はむしばまれ、「あわただしく、いそがしくペチャペチャ、チマチマとした競技内容」に陥ってしまっている。

一方、青年の男子・女子の部ではおのおのに年齢構成の妙が印象される。とくに男子の部では先鋒から大将までの試合展開のなかに、少年の部の「勝敗文化」的内容は克服され、〈どのような技で、どのように競い合い、勝敗を決するか〉という「競技文化」への昇華が見事に結実されている。三十歳以上もの年齢差が年代を追っての「わざとこころ」の洗練・深化の修錬過程として一目瞭然である。

立合いの間合における技を出す前の攻防を、技をより確率高くみごとにつかうための闘いとして眺めたとき、その静動一如の内容の推移は、今後、競技文化としての剣道の特性を検証していく上で貴重な材料を提供してくれているといえるであろう。

2　数量化できない競技性

どこの国体会場にあっても、審判員席と監督・選手席が向かい合って設けられている。ここでは、必ずといっていいほど、ブラックリストならぬワースト審判員の氏名が揶揄（やゆ）されている。審判の判定、とくに〈有効打突＝一本〉の判定と〈反則〉の取り扱いをめぐって喧喧諤諤（けんけんがくがく）、不満がささやかれ、審判が審判されているのである。

そもそも審判の判定によって勝敗が決定する競技種目にあっては、この〈審判対監督・選手〉の相互不信の構図は大同小異存在し、完全に消しさることはできない。剣道は本来、他のスポーツ競技のように、時間や距離などの記録や、採点―減点法などで勝敗を決することのできない競技特性を持っている。オリンピックなどに象徴されるような競技種目化を達成しているレスリング・ボクシング・柔道などの格闘技にあっては体重差による階級制や技の得点化と罰則の細分化が導入されている。

当然の帰結として得点および罰則の累積化による試合展開はポイント制の競技へと化し「競技文化」の中核をなす競技特性は変容され「勝敗文化」への転落の一途をたどることとなる。その後、柔道ではこの混沌状況から脱出すべく「着衣レスリング」という汚名返上の努力を重ね、「立技の見事さ」という嘉納柔道国際化の原点への回帰的現象が著しい昨今である。しかし、基本的には数量化された競技規則そのものへの変更は加えられておらず、「競技文化」としての将来的な展望はまだまだ不透明なものであるといわざるをえない。

幸いにも剣道では〈どのような技で〉という有効打突の得点化にはまだ手は加えられていないものの、その〈判定基準の高低〉問題と〈どのように競い合うか〉という競技場面の設定の仕方に苦慮し、混迷を続けている。すでに十回を超える世界大会が開催され、「競技文化」としてのあり様をめぐって国内外で重大な局面をむかえている。

世界に例のない日本の武の文化性

1　ロシアから愛をこめて

一九八九年のベルリンの壁崩壊を機に東欧諸国がいっせいに堰をきって動きだした。その基軸であり、社会主義哲学の実験国家であるソビエト連邦という国も必然的に一九九一年に崩壊し、東西冷戦構造も終焉のときをむかえる。

東欧諸国やロシア的現実は、自由主義経済の市場に一挙にのみこまれ、民族独立の戦火とも重なって非常に厳しい状況が続いている。一九九八年十月中旬、エリツィン前大統領退陣要求デモの輪が広がるモスクワへ旅立った。

機内の朝刊には「プリマコフ首相が賃金、年金未払いの年内解消は無理」との声明を発表したとある。全日本剣道連盟から「橋本龍太郎（前総理）杯争奪第一回全ロシア剣道選手権大会」の開催と演武、その前後の講習会指導の任を受けての訪露であったが、その開催すら危ぶまれる状況下にあった。

大会当日、「日本ではロシアの先は見えないとして毎日のように悲惨な局面ばかりが報じられていますが、大使はいまどんな風にこのロシアの現実を受け止めておられるのでしょうか」との私の質問に対して都甲駐ロ大使は「これまでのロシア国民は歴史的にもたいへん厳しい状況を生き抜いてきておりますので、まだまだこんなことぐらいでは音を上げることはありません」と答えられた。「もちろん、郊外の百坪ほどの土地に掘っ建て小屋と自家菜園を持っている人も多いこともありますが」と断りながら、そのしたたかで懐の深い国民性を印象的に語られた。一方、剣士たちはというと「こんなときだからこそ、逆にもっともっと自分を大切にしたい」と心たくましく、驚くことには遠くは東シベリアのノボシビルスクなどからも寝袋、食料持参での参加であった。

「世界を見まわして見ると、不幸なことにまったくといっていいほど、各国の武の文化というものが絶えてしまっている。幸いにも、日本にだけ今日もなお、武の文化が残されている。我々は日本の剣道をお借りしてロシアにおける武の文化性というものを回復し、再生させてゆきたいのです」（前会長・故ヤコブレフ氏）

ともすれば勝ち負け主義に浸食されがちな日本国内における競技文化としての剣道の軽薄さを反省させられるひとコマでもあった。

2　武術から武芸、武芸から武道へ

剣という「武の文化性」の歴史的経緯を要約してみよう。まず、発生的には人間同士の命のやりとりとしての「生死を賭けた闘いの場面」〈武術—殺傷・実用文化〉の段階がある。ここでの斬突・技法および心法の開発と集積に対して、次の段階では武士階級による治政七百年のなかにあって、文や芸との交流が深められ、しだいに芸術性や精神性の高い文化的内容が形成されてくる。こうして、先の実用的価値を下敷きながらの「東洋的身体論に裏打ちされた修行・稽古という場面」〈武芸―演武・芸道文化〉が登場してくるのである。この期にあって、刀を腰に差しながらにしての〈わざ〉と〈こころ〉の洗練・深化過程に自己修養的な価値を重ね合わせ、「武の文化性」なるものが獲得されていたところに世界的にも比類ない日本の武の特異性が存在する。

　この芸道性を下敷く近代化過程にあって「有効打突（＝技）を競い合うことによって勝敗を争う場面」〈武道―競技・スポーツ文化〉の設定が慎重かつ反芻的に検討されていった。つまり、一定基準以上の打突の価値を前提として、勝敗を争うことによって、一連の「武の文化性」の継承とあらたな価値の創造が

図1　武の文化性

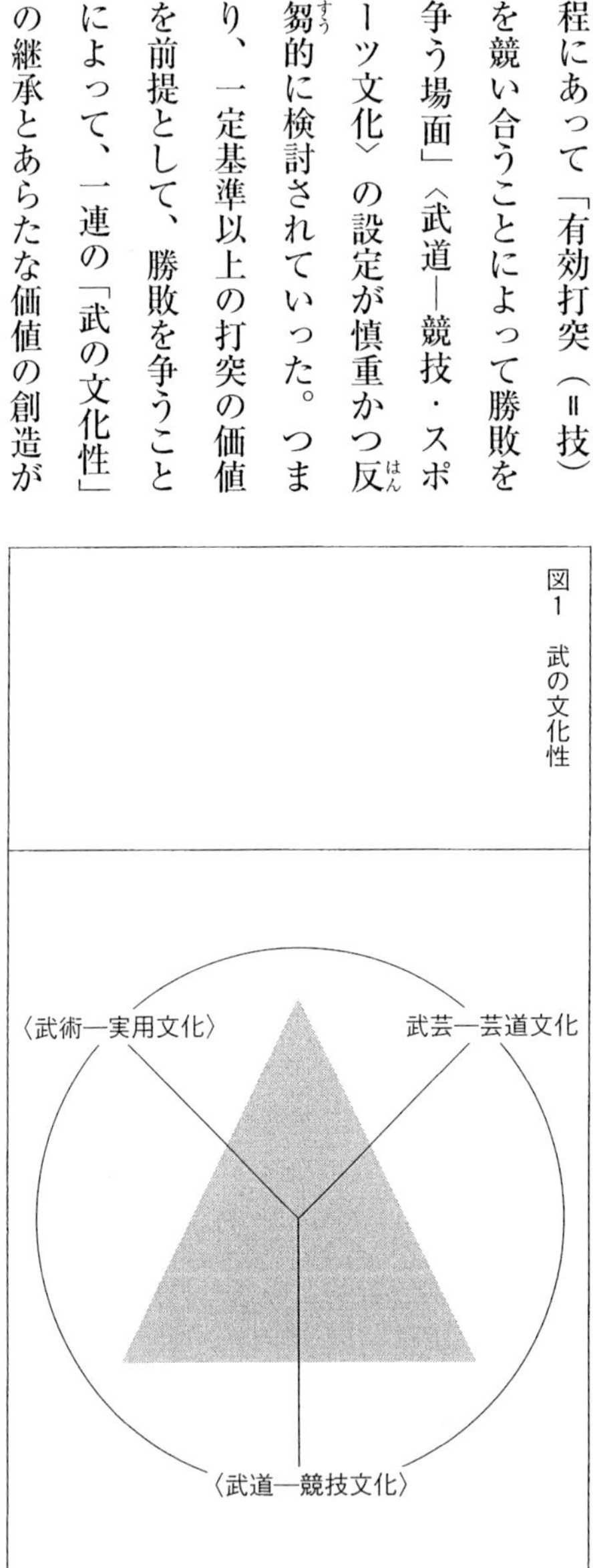

希求されていったのである。このようなときと場を移し変えての武の生成・発展の過程を図表化すると、前記（図1）のようになる。

この図表を「創造なき継承は形骸化をもたらし、継承なき創造は稚拙の域を出ない」という観点〈森政弘・ロボット工学博士〉からながめ直して見ると、おのおのの文化性における〈継承〉と〈創造〉の相克過程が垣間見られておもしろい。いずれにしても、中世の実用性、近世の芸道性、これらをどう下敷いて競技文化としてのあらたなる価値を創造していくのかが問われ続けてきているのである。

3　武の実用性と芸道性

ここでは、実用性と芸道性が相即する時代における「武の文化性」の一端をみておきたい。

「跡先のいらぬ所を思うなよ只中程の自由自在を」の歌で知られる「雲弘流」では、「負けることなし、勝つことなし、是非を云わず、己を全うして、外を願わず」として力を思い切り出しきること、つまり精一杯を第一としている。この流派は「剣禅一如」を特徴としていることで有名であるが「敵を前にしての自己の創造」に「武の文化性」の基準をおいているのである。

また、柳生新陰流では、このことを「殺人剣」から「活人剣」への質的転換としてとらえている。人と対立し、人を殺傷するための術として生まれた武が、やがてはその場面での自己を制御し、自分自身に勝つ術へと変化してゆく。ついには人と和し、自他が一体となる術にまで高められていくところに「武の文化性」の極みを見据えるのである。

『表の体育・裏の体育』の著者で知られる甲野善紀氏は、そのなかで「茶」と「武」を「最高の形態の出会いの場」の順縁と逆縁として対比させていて興味深い。以下少し長くなるが引用して紹介してみたい。

「茶の湯は、戦国期という、人々、とくに武士達が明日の命も知れぬと言う時代に著しい発展を遂げたのであるが、その理由として〈明日をも知れぬ命ゆえ、その命を最高に充実させたい、生きている深い悦びを味わいたい、しかも武士として潔く、見事に命を燃焼させたい〉という切実な思いがあったからであろう。（中略）茶の湯は、当時の人々の切実な思いを背景に、すぐれた感性の茶人によって工夫され尽くした〝最高形態の出会いの場〟をつくるもてなし方であったと思う。そしてこれを〝順縁〟における最高形態の出会いとした場合、〝逆縁〟、すなわちどちらかが命を落とす出会いの最高形態として、日本の武の道（武術、兵法、弓馬の道等々言いあらわした）が、世界でも類をみない独特の発展を遂げてきたのではないだろうか。〝順〟と〝逆〟、ともに最高形態の出会いとすることで、順、逆ということを超えて、自然のバランス保持を最高の価値基準とし、そこに命を燃焼させる。ここに日本人の類稀な感性があったように思う」（註1）

あたかも、弁証法の〈正・反・合〉の世界を彷彿させ、茶の湯を「正」の、武道を「反」のギリギりの場面の両極をなすものとして位置づけ、「合」としての人間存在の根底を問いただそうとする、いわば人間の探究にとって武の「人間同士が命のやりとりをする」という、もっとも残酷で壮絶極まりない場の人類史的な意義に注目しているのである。

全日本剣道連盟は「剣道は剣の理法の修錬による人間形成の道である」と剣道の理念を規定している。これはまさに「術を媒介として道の工夫をする」という芸道文化的価値そのものの表明といってよく、今日の〈武道─競技文化〉の〈継承〉と〈創造〉の道程の険しさはここにあるのである。

4　スポーツのピュアリズムと私の評価C

中背ではあるが、骨太で肉付きがよく、ユッサユッサと身体をゆるがせて歩く大滝忠夫先生がスポーツ新聞を二つ、三つ小脇にかかえて研究室に入ってこられた。息を弾ませながら「作道君、三浦雄一郎はすごいねぇ」……。

新聞の一面のトップに大きな写真入りで三浦氏がエベレストを滑行している雄姿が報じられていた。いまから三十余年前の大学院時代、マンツーマン授業の朝の光景である。当時、先生は柔道の大家であり、東京教育大学の武道論研究室の教授であった。講義はテキストの『猫の妙術』を脇に置き（一度も開かなかったと記憶する）、先生が接してこられた柔・剣道家の先生方を中心にその生き方や、技の使い方、そしてエピソードを交えての含蓄あるお話が印象的であった。

とくにこの日の授業では「武道は負けているなぁ」「三浦君は命がけだよ」と強く指摘されていた。

つい先般、開催されたソルトレーク冬季オリンピックでは、競技種目の多さと内容の奇抜さに驚きながらも、選手たちのパフォーマンスの一挙手一投足に魅了された。日進月歩の記録更新ラッシュが続く。トッププレーヤーたちにあっては、選手一人に対してコーチや、医科学的な専門スタッフが複数で支えているケースも多いと聴く。

個々の選手の冷静かつ勇敢でスマートな表情の裏には、凄まじいまでの自己や記録との戦いが想起される。満身創痍（まんしんそうい）のなかで立派に戦い抜いた清水宏保選手のインタビューはとくに圧巻であった。この青年の心身を挙した競技への取り組みは、みずからの筋肉と頭脳と感性との間に一分のズレをも生じえないほど鍛え、研ぎ澄まされたものであったことがうかがえた。

それは、宇宙飛行士の生還の光景にも相似て、なによりも冴えわたっていた。気取らず、つっぱらず、等身大で淡々として、無駄のない返答に大きな感銘を受けた。昼間に中継された国会答弁とは雲泥の差があり、スポーツのピュアリズムの素晴らしさに感動した。

話を元に戻したい。恐る恐る「先生、評価がCなんですが……」と研究室を訪ねると、先生は「おっ、そうか」と言いながら教務手帳を開いた。

「通年皆勤出席でA、一日休めばB、二日休めばC、それで何か問題はあるかね」とピシャリ。まさにスポーツのピュアリズムとはかくあるものかと合点し、いまもなお、私のなかに気恥ずかしくも、心うれしき教えとなっている。

剣道がたどってきた競技文化への道程

1　竹刀・防具の出現による運動文化の芽ばえ

流祖諸師の命がけの探究によって開発されてきた斬突技法と心法の集積は、近世に入って急速に形稽古法に組み込まれて体系化されていった。一方では芸道文化としての洗練・深化の過程が進展するが、他方では太平の世に推移し、しだいに実戦場面から遠ざかることによって、形骸化と華法剣法化が加速し衰退が著しくなる。

こうした時代的背景のなかで、救世主としての竹刀・防具が出現する。当初は、形稽古を〈基本〉として約束的につくりあげられてきた技を、戦場空間さながらにつかう〈応用〉としての竹刀・防具剣道の位置づけであった。その意味では、〈斬突＝打突〉としての有効性を基底とする組み換えの過程であったが、やがて竹刀打ち込み稽古や試合が主流となるにおよんで、先の形演武の華法化と同様、打突の一人歩きが始まる。

「徒らに外観の美を専らとし、巧みに竹刀を振り舞わして見事勝たんことのみを求めて実用に遠ざかる」（註2）のである。とはいえ、この竹刀・防具の考案は、斬突を打突へ組み換えての「有効なる打突」を競い合う運動文化としての萌芽であった。同時に、刀での殺傷が現実的には存在しない歴史的・社会的状況下にあっても、剣道が運動文化として存続することのできる形式を獲得した画期的な出来事でもあった。

2　有効打突——事実と価値の認定

全日本剣道連盟は有効打突を「充実した気勢、適正な姿勢をもって、竹刀の打突部で打突部位を刃筋正しく打突し、残心あるものとする」と規定している。いわゆる「気・剣・体一致」の打突である。このことをもう少し具体的な内容として見てみたい。

判定は、打突そのものの正確度を判断する「事実判断」と、その打突前後の二人の関係の適合度を判断する「価値判断」の二重の判断構造を持っている。そして競技場面は打突部位が四箇所もある上に、相互の織りなす運動の時間・空間は極めて緊迫的である。しかも同時攻防的かつ連続的であり、竹刀先の動きも複雑俊敏なものである。

まさに「事実判断」すら難しい。その上「価値判断」に至っては、「どのような関係のもとに（いつ、どこでどういう対人的条件）、どのようにして（運動形態）、どう完結されたか（打突の決めおよび事後処理）」ということである。この二つの判断を同時的にしかも瞬時に行なうことは目利きの文化とはいえ、至難のわざであるというほかはない。

さらに〝わざ〟と〝こころ〟の洗練・深化がすすむと、打突の質的高低（幅―技術性―運動の合理性）のみならず、全一的な自己表現性（深さ―表現性―技術美―芸術美）という芸道文化的世界が開示されてくるのである。

全日本剣道連盟の「剣道の理念」および「有効打突の規定」を見るかぎりにおいて、今日までの近代化の歩みは、〈演武＝競技化できない〉ことを前提とした上での競技文化としての指標の明確化の過程でもあったと見ることができる。

3　民族文化の競技化と国際化

民族文化が競技性を獲得し、その発展過程において国際化を推進する。柔道を先行例として、このことの一連の経緯について簡単に見ておきたい。

近代化を達成しながら嘉納柔道は、武術性と体育性とを兼備する和洋折衷の運動文化として国内外に普及していく。東京オリンピック以降、国際化は加速的にすすみ、世界的な先行格闘技であるレスリングなどの洗礼を受け、技のポイント化や反則の細分化などの数量化が進行する。こうして〈着衣レスリング＝ポイント制ＪＵＤＯ〉と呼ばれる競技内容が定着化していった。そして、近年のオリンピック大会などでは、テレビ視聴者もふくめた観戦者に対する競技内容の明確化の取り組みが実り、立技の見事さが目立つ一本勝ちへの回帰的現象が顕著となっている。

しかしながら、本来、数量化できない競技特性への冒瀆的行為を重ねてきたことへの認識が欠如しているのか、数量化された競技規則は手付かずのままである。その意味では、〈文化〉と〈競技〉とを一体的にとらえる視点に立ち還っての競技特性の回復に成り得ていないことが危惧される。

先述したように、剣道競技を数値化するのは極めて難しく、この数値化に対する明確なる立場を堅持しての競技化志向でなければならないことが結論される。

ひふみのこと

毎年、愛知の春日井市で春を告げる全国高等学校選抜剣道大会が開催される。回を重ねてすでに十三回を数える。審判研修および会議で論議される事項を振り返りながら本稿の結びとしたい。それは大きく二つに分けられる。一つは「有効打突」の判定をめぐっての問題であり、二つ目は反則に関する問題で、よりよい競技の場面づくりをどう進行させるかということであった。

先に、青少年の勝敗文化的試合内容について述べたので、重複は避けたいが、「三点セット」の戦術化の軛（くびき）をどう断つかということに集約されよう。青少年剣士たちをその袋小路に追い込んでしまってひさしく、その責任は極めて重大である。

そのためには「勝敗文化」から「競技文化」への転換、つまり、いま持つ心のなかの額縁の取り替えを、意識的に持つことから始めなければならないであろう。〈鍔ぜり合いをどうさばくか〉によって競技内容は一変する。なにをおいてもこの一点に絞っての競技規則の改正と指導場面の一体化が急務である。

警察官大会では、十秒ルールが採用されていると聴く。その成果も参考にしながら、とくにどちらかが一本を取った後は、バスケットボールの三秒ルールの適用ならぬ五秒ルールくらいの設定が必要不可欠となろう。竹刀・防具登場以後の近代化過程のなかで後天的に定着化してきた「鍔ぜり合い」なるものをできるかぎり取りのぞく、規則改正が求められる。高校剣士の熟練度の問題もあり、そう簡単には片づかないではあろうが、このことによって「技前の構えと間合の攻防の大事」の指導が競技場面において足場を持つこととなる。

このことの上に青少年の発育・発達を配慮しての「推奨技」の設定が検討されると効果は倍増することとなるであろう。とくに、全国高等学校体育連盟の組織力を全面的に生かし、グランドルールならぬ指導場面と同じ方向性での競技規則の運用がより実践的に検証されていくシステムづくりに大きな期待が寄せられる。

【引用文献】

註1　甲野善紀『表の体育・裏の体育』壮神社（1986）
註2　下川　潮『剣道の発達』大日本武徳会本部（1931）

【参考文献】

・佐藤通次『この道（調和の哲学）』元々社（1955）
・澤木興道『禅談』大法輪閣（1992）
・大阪体育大学コーチング系「擢」第2・3・6号
・平野亮策他「柔道の国際化に関する一考察」―オリンピック大会に見られる一本勝率の推移から見て―大阪体育大学紀要2002
・作道正夫「剣道の特性とその指導上の問題点について」1979、武道学会シンポジウム「教育としての武道の成立根拠を問う」体育科教育1992・4

第二章 私の体験と剣道教育

恩師湯野正憲

私の体験と剣道教育

「武道はスポーツか否か」という課題は、流派性を統合し、競技化をすすめる近代化過程のなかにあって、つねに論議され、今日もなお火種は消えていない。国内における各種運動競技の盛況を受けて、大正十三年より開会された明治神宮大会は国民体育大会へと改称され、今日に至っている。かつて、大日本武徳会はこの大会の初期の頃に、「武道は競技スポーツではない」として不参加を表明した経緯もある。いずれにしても近代化の名のもとでの文化性、競技性、さらにはその教育にまつわる武道関係者の生々しい苦悩と努力の集積は並々ならぬものであったことがうかがえる。

前章では「競技文化」と「勝負文化」というテーマで今日的な競技場面における現象からその歴史的な経緯について触れ、その実態の構造的把握につとめた。ここでは拙い私の体験を紹介して、剣道の〈競技と教育〉について考えてみたい。

二つの戦いに学ぶ

1　昭和五十七年第三十回全日本学生剣道優勝大会

立礼を交わし、三歩すすみ、刀を抜き放って両者が蹲踞の姿勢に対峙する。充実、そして静寂の極みに入った瞬間に「始め」の号令がかかる。立合の一瞬に触刃の間合に間詰め、その構えのままジリジリとヒタ押しの攻めを継続させ相手を後退させる。相手がコート間際まで追い詰められ、苦しくなって技を出すところで狙い澄ましたように技が決まる。

大学生の試合とは思えないようなそれは見事な試合運びと技の遣い方である。しかも驚いたことには、先鋒から大将戦まで俗にいう「蛇に睨まれた蛙」とでも形容されるような展開である。

昭和五十七年の全日本学生剣道優勝大会、わがチームが次の三回戦で対戦する「国士舘大対中部工業大（当時）」の試合である。一回戦を終えて選手といっしょに観戦していたが、誰もがその強か（したた）な試合運びのすごさに魅入ってしまっていた。

「これはいかん」と直観した私は静かに席を立って二階の応援席へ急ぎ足で上っていった。「オーイ、四年生、全員集まってくれ。ウチの選手はいま、国士舘の試合に呑まれてしまっていて、このままじゃヤバイ、お前らの力を貸してくれ。いいか、いまから俺の背中を叩かしてやる。日頃の恨みを存分に晴らしてくれ」と告げた。

大学での立ち稽古や坐禅のときに、第七頸椎（けいつい）のところへ手の平を当てておいて、そこを「パンッ」

と強く打つことを常としていた。いわば警策の代用品といってもよく、学生からの要求がなくとも悦に入ってよく叩いてやった。決まって頭頂とうなじが伸び、両肩の線と背面の姿形がきれいになるのである。

下の選手席にいちばん近い二階観覧席の最前列まで出ていって、八発もの強烈な洗礼を受けた。それは私の背後へ廻っての行為であり、満面笑みを浮かべていたのか、はたまたどんな顔をしていたのかは残念にも私にはわからない。「バシ」「バン」……。驚いたのは下に入る選手たち。何事が起こったのかと皆一様にビックリした表情で見上げている。試合観戦は中断され、繰り広げられる神妙な洗礼的儀式を見守っている。

……こういうのを剣道のパーフェクトゲームというのであろうか。国士舘が七対〇（本数も十三対二）で完勝した。選手たちの「気を移す」ことに一応は成功し、心を静めながら階段を降りていった。

「選手集合！」。学生マネージャーの声が聴こえた。

選手一人ひとりに熱い視線を送りながら「いいか、国士舘は四百名を超える部員がいる。お前らと違って稽古、試合相手には困らない。いまの試合でも力の違うものが五分に構えて立ち合えば、構えた段階で先を取られて押し込まれてしまう。あとは見ての通りだ。地稽古の筋、質ではいまのお前らでは勝てない。だけど掛り稽古の量と各府県の機動隊との試合量、この二つではお前らは絶対に勝っている。関東の強豪チームと較べてもお前らの対警察の勝率は群を抜いている。それはなぜかというと、開始のところで絶対に五分に立ち合わないということだ。ここで先を取れるかどうか、この一点にかかっている。その方法は相手にもよるが、とにかく打ちを出す、出さないは別として、先を取って前に出て相手を十分に構えさせないことだ。そうすれば、お前らの掛り稽古量が生きて絶対に勝てるはずだ。いいか、わかったか」。

試合は一進一退、ついに代表決定戦にもつれ込み、石田利也（現大阪府警指導室）で勝利を手中に収めた。決勝戦では、宿敵筑波大を破り、関西勢にとってなんと二十六年ぶりの全日本制覇の快挙となった。

大会前々日の夜、道場の板書には、

「この秋は嵐か無事かは知らねども今日のこの日に畑耕す（詠み人知らず）

この秋　春より日を重ね
この新しい道場も秋をむかえた
木の香もうれしく新人をむかえ
新鮮さ一杯に剣を振った春
なにわの暑中

自己の肉体も心もへばり崩れそうだった掛り稽古
そしてこの秋　執念して
くれなずむ安威川に
それぞれの剣への無尽蔵の想いを浮かべ
うるわしく剣を磨く
見よ　この床を　この凛とした輝きの放つ威厳を
幸福なり　誇りなり　この秋は」（作道）
とあり、予感めいたなかでの優勝であった。

「九十九パーセントは努力、一パーセントが霊感」という発明家エジソンの言葉ではないが、身体的、精神的実践の集積を大切にする競技世界にあって、このことをしっかり学ぶことの意義は何物にもまして重要なことといえる。まさに「成功在努力」ということであろうか。

明確な目標を掲げ、その達成に向けての具体的な内容の設定と継続的で地道な努力。ここを常として、監督と選手は反省吟味しながら鍛練していかなければならないのである。

それにしても「一日がこんなにも長いものか」ということを、第七頸椎の陣痛と足のしびれが混在する喜びをかみしめながら痛感した。試合は選手たちが一戦一戦、真剣に取り組むのだが、試合と試合との幕間の大事が身にしみ、「監督業とは幕間狂言師である」という貴重な教訓を得た大会となった。

2　昭和六十年第三十三回全日本学生剣道優勝大会

初優勝から三年後、ベスト四入りをかけて再度、国士舘と対戦した。この試合ももつれにもつれ、大将戦で平野誠司（現徳島県警）が劇的な二本勝ちを収めて代表決定戦に持ち込んだ。この試合もふくめて、その日の国士舘の試合内容と展開からみて吉田一秀選手（現大阪浪速高校教諭）が一番安定している。どう考えても彼しか出てこないだろうと読んだ私は主将の岡本浩行（現アパレルメーカー経営）と平野を呼んだ。

「オイ、吉田だと思うがどうだ?」

岡本にとっては、高校時代から負け知らずの相手、三人の相談は即決した。監督の矢野博志先生がいままさに「吉田」と選手名を告げようとした瞬間、「オイオイ矢野君」と言いながら、故大野操一郎先生が審判主任席まで急ぎ足で下りてこられた。

「アッ、ひょっとしたら」と私の頭のなかは一瞬真っ白になった。「矢野君、村田だ、村田」。「ガーン。オ〜イ、それはないよ、いくらなんでも大将戦で二本負けを喫した大将をまさかここで出すかヨォ〜」。高所から代表選手選出の一部始終を観ていた大野先生、直感的な勝負勘とでもいおうか、土壇場における人知を超えた采配に軍配は挙がった。

その後、先生からはずいぶんと声を掛けていただいたが、満面の笑みを浮かべながら放たれた「お前は頭が悪いよ」という言葉はいまも私の耳から離れない。

野球のように試合を中断して監督力を発揮するような機会は剣道の競技場面にあってはほとんどといっていいほどない。そこに至るまでの過程がすべてで、競技が開始されれば、監督は選手を信頼し、全権をまかせて黙って見守るしか他はない。この国士舘との二つの因縁試合は、私の監督業のなかにあって剣道の競技特性とはどういうものか、さらには、競技場や競技場面における監督、選手心理の妙を体得するうえで大きな教訓となっている。

「成、不成はときなり、ときは成、不成にあらず、心ときにあり、とき心にあり」(湯野正憲)とでもいうことであろうか……。結果を恐れず、因の時点にしっかりとみずからを乗せて、目標達成に向けてひたむきに努力する人間のすばらしさに感動する。この「起き上がり小法師」の実現に向けての剣道教育が求められている。

負け犬根性よさようなら

1　大きな賭けのすえむかえた感激の日

「教えるとは、ともに希望を語り合うこと。学ぶとは、胸に誠実を刻むこと」

少し年数が前後するが、こんな言葉を学生たちに投げかけ、教員として歩みはじめて三年目の春をむかえていた。

司馬遼太郎氏の『坂の上の雲』のなかの「透きとおった乱暴さが必要だ。学生は精気のかたまりだから、その精気に負けない精気でぶつからないと、こっちの魂が学生に沁みとおらない。教育というものは力ずもうのようなもの……」

というくだりが私は大好きである。この教え、教わる者同士の信頼関係をどうつくり上げていくかが教育の原点である。

三、四年生が男女合わせて十名という手薄になっていた春、関東強豪校が相次いで来校した。覚悟の上とはいえ、いずれも結果、内容とも散々なもので惨敗であった。しかし、その負け方が気に入らない。はなからの負け犬である。いや、学生は精一杯やっているつもりかも知れないが、私にはそう映った。訪問客を丁重に送り出したあとで、ここをどうくぐり抜けていくか、いまが節目のときであると腹をくくって大きな賭けに出た。

「今日かぎり、俺はお前たちとはいっしょに稽古しない」と。

一週間が過ぎ、二週間目に入ると夜な夜な私の家路に立ちん棒が目立ちはじめ、そのうち私を追いかけてアパートへ乱入してきた。私は奥のベッドに転がり込む。

学生たちは小一時間も正座で待機する。主将ほか二、三名が入れ替わりベッドの側にきて、しきりに改心を述べ、稽古の再開を迫るが、私はひとりふて寝を決め込む。女房も学生たちへの気遣いのなか、どうしていいものやら困り顔の辛抱が続く。やがて、みんな諦めて帰りかけ、最後に主将も玄関を後にしかけたとき、女房が一言「大上さん、主人の気性を知っているでしょ。いま、あなたがここで帰ってしまったら二度と元の鞘（さや）に収まらないと思いますよ」

さぁ、大上君（現広島市中学校教論）は大変。みずからの心を励まし励まし、意を決して恐る恐る再度登場。

「先生、どうか明日の試合を見にきてください。もし私が先生のいう負け犬の剣道をしたら、先生の思いどおりにしてくださって結構です。ぜひ私の試合だけでも見にきてください」

グッとくるものがあったが、ここが我慢と素っ気なく「気が向いたらな」と一言。この日の試合は、修道館での大阪学生大会、春の個人戦であった。大上の試合は、確か四回戦くらいまで勝ち上がっていったと記憶しているが、面のなかじゅう口にして、雄叫びをあげて必死の奮戦ぶりであった。

「これだ、これこれ、これが欲しかったんだ。強い弱い、上手下手や勝ち負けではない、父母未生以前の自己本来の面目躍如たる剣振りの気概だ！」

私の身体に身の毛もよだつような興奮の衝撃が走った。試合後、大上と握手をしながら、「ここからがスタート、負け犬根性よさようならだ」。そんな感激の日をむかえることができたのであった。

ありふれた表現をすれば、相手との闘いの前に、まず自分との闘いに克つことである。あとさきのことにとらわれずに「自己の心身を最高の状態に制御すること」である。師弟の剣を通しての〈ともに希望を語り合い、胸に誠実を刻む〉営みは、「捨て身」の実践をベースとしながらも、こんな紆余曲折を介して創り出されていたのである。

2　関西大会初制覇

大学に勤めて四年目に入ると、どこからともなく「ちっとも勝たさんと、あいつはなにをやってんだ」という声も聴こえてくる。四年生一名だけがメンバーというまだ育てきれていない駒不足のチーム状態にはあったが、諸般の事情を考えると、ぜひとも優勝で一区切りをつけたいと思った。

この日は一日選手といっしょに座ることをしないで、一般観覧席で監督業に専念した。全試合を見渡しながら、次の対戦チームのオーダー、選手の特徴、得意技を分析し、試合ごとにわがチームの駒をすべて勝算の高い順序に並べ変えた。予想は見事に的中し、全試合を危なげなく勝利し、初制覇をなしとげた。

「剣道に勝ちなし負けなし勝負あり」と「全力投球」というモットーをちょっと小脇に置き、勝利至上の枠組みでの優勝はなんとも後味が悪く、すごろく遊びのような味気なさが残った。人間というものは、おのおのの世界観や剣道観を持ちながらも、「競技」と「勝敗」の狭間に生き、そのバランス感覚を求めてさまよい続ける生き物なのかもしれない。

そんな想いのなか、自分を戒め、学生たちにも詫び、気持ちを切り替えて、明日からに継がなければとの思いで盃を重ねたことであった。

それとともに思い出すのは学生時代の昭和四十三年の全日本学生剣道優勝大会。前年度優勝校（東京教育大）として臨んだ大会であったが、準決勝で中京大学に大敗を喫し、無念の涙をのんだ。一年間を通じて練習試合では負け知らずで内心連覇を期しての敗退であった。意外にも悔しさもそこそこ、みんなサバサバとして上六の赤提灯に繰り出し、何軒か梯子してウサ晴らしの敗戦の夜を過ごした。

翌日は坪井三郎先生（故人、当時東京教育大学助教授）のお計らいで柳生の里を探索する時間を頂戴した。二日酔いも手伝って、柳生の袋竹刀をお借りして石舟斎や、宗矩ほか、柳生一族の墓前で、みんなでチャンバラごっこに興じたりして、楽しいひとときを過ごした。そのとき、芳徳寺で故橋本定芳老師のお話を聴く機会があった。

「人間すべからく、三番目くらいがちょうどいいですよ。マラソンといっしょで一番前は風当たりが強いものです。あの剣道はいいなあ、強いなあ、と惜しまれながらあと一歩のところで姿を消していくくらいがいいですなあ。そうでないと剣道の将来は寂しいものになってしまいますよ」と。

慰めなのか、励ましなのか、老師の描かれたスケールの大きい力観ある達磨絵図の前でポッリポッリと語りかけていただいたことが印象的であった。勝ち負けにこだわった戦いを終えたいま、この教えを大事に育てていこうと決意する節目のときとなった。

3　それでも地球はまわっている

競技場面における競技者の心理は、極めて微妙であり、迷いと悟りとは同居していて、心をゆるせば、即座に急転直下、迷路に入り込んでしまう。その意味で指導者にとって一番大事なことは、はじめから「この子は小心者である」とか、「大事なところで必ず緊張してしまう」というふうに決めつけてしまわないことである。

人の心の状態は条件やその場の移り変わりのなかでつねに刻々と変化していく。こういう場面になると、このような心の状態に陥りやすいという者も、みずからの心に心付けをし、強く守る反省的実践を繰り返していくことによってみずからの心のかたまり状況を取り除いていくことができるのである。

「動中の工夫の静中に勝ること百千億倍」と白隠禅師は喝破しているが、まさに剣道は技の創出と使用という動中場面における心の工夫にある。啐啄(そったく)同時的状況もたまにはあるものの、むしろ短絡的で即効薬的なイメージは持たないほうがいい。ようは「決めつけないで」というところから出発することである。なかなか一朝一夕にいくものではないが、忍耐強く個々の心の固まり場面を分析し、二人三脚の指導が展開されていかなければならない。

私自身のことを例にとってみたい。昭和四十二年の大学三年のときの話である。全日本学生剣道優勝大会を一週間ほど後に控え、難行の調整が続く、ある日のことであったと記憶する。心中に「自分が負ければ必ずチームは負ける」という固まりがあって、どうにも解けないでいた。入学以来、このジンクスに泣いてきた。「先輩、飲みにいきませんか」と四年生で選手でもある大塚忠義氏（高知市在住）を誘った。常日頃から兄貴分として慕い尊敬している先輩に心の不安をぶちまける作戦に出たのである。

稽古後でもあり、盃はすすみ、核心にはいたらぬまでも会話も弾み、午前をまわっていた。どういうわけか二人は大学に取って返し、金網フェンスによじ登って道場のどこか施錠されていない窓を探していた。運良く忍び込むことに成功した二人は、剣道形を打ち、いつしか坐禅を組んでいた。周囲は静まり返り、真っ暗闇である。坐りは、酒気帯び運転ならぬ睡魔におそわれ、瞬間睡眠の黄金のときが訪れる。

「パパッ」とまばたき、我にかえった瞬間、なんと真っ暗なはずの周囲が明るくなっているではないか。いいしれぬ霊感のようなものに打たれて坐っている身体にも得も言えぬ光明が差し込んできた。

「先輩、いまから湯野先生のところへ稽古にいきましょう」

あわただしく着替えを済ませ、防具を詰め込んで京王線の幡ヶ谷駅へと急いだ。なけなしのポケットマネーをはたくと二人分の片道キップが辛うじて買え、始発電車に飛び乗って市ヶ谷駅までいき、歩いて靖国神社にたどり着いた。手水場で口をすすぎ、顔を洗い、力水を飲んでいよいよ出陣である。

「おはようございます、先生にどうしても一本稽古をつけていただきたく、まいりました」

平日の早朝のことでもあり、先生には随分と迷惑なことであったろうと後日反省したが、そのときは何物かに憑かれていて、一切そんなことを考えることすらなかった。若者の性急な身勝手さであろうか。

「朋有り遠方より来る亦楽しからずや惚れて通えば千里も一里」と常々説かれる先生もこの奇襲の朝駆けには閉口されたかと思われるが、許されて稽古をお願いすることができた。

このときの稽古は実に厳しいもので、迎え突きを何本も頂戴し、そのまま庭先にまで突き倒された。不思議にも、なにも臆する心が起きてこない。むしろ快感というのか、うれしいのである。こうして散々の稽古も終了し、お茶とお菓子をいただきながら先生のお話をうかがったが、どうしたことか、なにも覚えていない。

ただ先生の厳しさと優しさがうれしかった。電車賃を拝借し、無礼を詫び、お礼を申し上げて先生のお宅を辞した。心がポカポカとしながら靖国神社に引き上げ、手水場の水をガブガブと飲み干しながら直観した。

「お前が勝とうが負けようが関係ない。それでも地球はまわっているんだ」と……。大学の道場で睡魔におそわれ、一瞬のまばたきの刹那に周囲はパッと明るくなっていた。そのとき、言葉にはならない衝撃が身中に走ったが、それがやっと手水場で水を飲むという行為のときに至って言葉となり合点がいった。そしてなにか大きな精神的支柱を得た思いがした。

一回戦、対大阪経済大学戦は六対一のスコアで試合が終了した。なんとこの敗者は私であり、自分が負けてチームが勝利しているではないか。安堵感というのか、次の試合までの間に一時間ほど柔道場で熟睡できた鮮明な記憶が残っている。その後の試合は、チームメイトへの信頼感に裏打ちされた安心立命の境地とでもいうのか、すべて満足のいくものとなり、気がつくと、全日本制覇の偉業が達成されていたのであった。

4　とらわれの身からの脱出

人間は誰しも時間軸と空間軸のなかにみずからを把握しようとする。〈いま、ここで〉という現存に熱中しながら、過去を引きずり周囲を気にしつつ未来を夢見る。いま自分がこのようにあるのはどうしてなのかと過去に向かって問いかけ、自分を取り巻いている現状を省察(せいさつ)し、その問題点が何なのか、将来に向けてなにをどのように改善をし、現状を打壊していくかとして生きている。

高度に発達をした今日の情報社会にあって、そのあふれるほどの情報とは裏腹に、人間と人間の絆やコミュニケーションのありさまに急速な変化が現れてきている。みずからの心の空洞化やもつれ、はたまた自と他、集団内における間柄の修復や隙間を埋める方法や技術の重要性がにわかに求められてきている。「カウンセリングが『過去に向けてのＷＨＹ』という発想であるのに対して、コーチングは『未来に向けてＨＯＷ』というところに力点」があり、スポーツの世界における実践科学としてのコーチングの有用性が各方面で脚光を浴びつつあるのも事実である。

武道では、古来より技法（わざ）と心法（こころ）の洗練、深化を第一とし、その文化的特性が形成されてきている。

「昔悟らず、いま迷わず」ということであろうか。とりわけ沢庵和尚が柳生宗矩に与えた心法書として知られる『不動智神妙録』は、いま風にいえば、みずからがみずからのカウンセラー、コーチとなって、とらわれの身からの脱出を試みる手引き書ともいえよう。ここには一つは「無明住地煩悩」としての迷い（惜しい、欲しい、憎い、可愛いと執着する心＝妄心）と、もう一つは「諸仏不動智」としての悟り（とらわれなき心＝本心）が人の心として説かれている。ここでもっとも大事なことは、この二つの心が水と氷の関係にも似ていて、本来一つのものが条件や場面が変わることによって別物のようになってしまうことであり、ここのところの内省から出発するべきであるとしているところである。闘い場面にあって、フツフツと沸き起こってくる煩悩妄念からみずからを解き放ち、本来あるべき本心に立ち還ってゆく方法の開発に多くの示唆を与えている。

今日の競技場面にあって、勝負への執着による疎外的状況に陥ってしまうことは誰にもあることである。要は、ここのところを誰もが逃れることのできない切実な問題であるとしてとらえ直し、個々人のとらわれの身からの脱出への取り組みを大事に見守り、じっくりと醸成させてゆく指導教育の場面作りが重要となる。

三世代性文化としての剣道の教育的意義が、競技文化のなかで浮上してきて非常に興味深い。その意味では、剣道の競技特性の明文化という競技規則改正の意義は計り知れないものがあるものの、最後は競技者一人ひとりのみずからのわざとこころの開発と工夫に委ねるということになるのであろう。

5　銘刀守国の教え

新宿は西口公園の近くに「元沢武道具製作所」という防具屋さんがある。この製作所という屋号に防具職人としての誇りが込められている。学生時代をふくめ、在京の九年間ほんとうによくしていただいた。店内に居並ぶ品々を頂戴したり、防具の修理も迅速かつ丁寧であった。ご主人からは防具の材料からその仕込みや、製作の工程に至るまでよく話をしていただき、防具一つを完成させるのに実に多くの職人の手が必要であることや、その世界の連綿さにも気づかされた。

ときには食事までも頂戴することもあり、当時は防具製作一筋で気高い職人気質のご主人と、明るい奥さまと、二人の息子さんの四人家族であり、皆さんに暖かく接していただいた。通いはじめて間もなく、玄関を入った正面に刀掛けがしつらえてあって、そこにいぶし銀の光沢を放つ竹刀が一本掛けられてあることに気づいた。手に取って見ると、姿、調子も良く、芯がキチンとしていて感触が何ともいえない。「守国」と銘が刻まれていてどうもこれだけは非売品とのことである。行くたびに手にし、その感触をたのしみながら「絶対に俺のところにくる」と竹刀にも語りかけ、スキンシップを重ねていた。

なぜか、すべてに寛大なご主人も「これだけは駄目だからね」と念を押されていた。通いはじめて五年目に入った頃であったかと思うが「先生いい竹刀が置いてあるんですよ」と言って、湯野先生をお連れした。交談の合間をはかって、先生が「ご主人、この竹刀をもらい受けたいのですが」と切り出すと「いいですよ、どうぞお持ち帰り下さい」と、なんと二つ返事である。

「オイオイオイ、それはないだろう」と恨めしさ連発の一夜を明かした。何日かがたち、九段高校の寒稽古の納会の日をむかえた。「作道、いい物をやろう」と湯野先生が手招きをして、茶色の細長い紙袋が手渡された。「ウッ、これは……」「君が欲しがっていた守国だよ。いただいて帰った夜、油をひいて枕元に置いて寝たんだがね、夢枕に君が何度も出てきてね、〈先生その竹刀は僕のものです〉と言ってしつこいんだよな。大事にするんだよ」

後々考えてみると、ご主人も実は僕にくれるタイミングを考えていたのではなかったか。先生もあまりすんなりと僕の手に渡してしまうのはどうかと考えられた。ああ、あのときの二つ返事は、二人の心がピタッと共鳴した阿吽(あうん)の呼吸であったのではないかと。

「この竹刀はねえ、守国といってね、竹刀作りの名人だったんだ。私の大事な職人仲間でね、一日に何本かしか作らないんだが、作っては天気のいい日も悪い日も長靴を履いて私のところに持ってきてはポンと置いて酒代を持って帰っていくのね。だからこれだけは奴の形見だからあげられないわけ」というご主人の説明と、「守国じゃないか、お前にはまだもったいないな、持田（盛二）先生が愛用された竹刀だよ」という湯野先生の言葉を思い出していた。

紙袋の表には「剣心去来――剣心が伝わらなかったら剣術は伝わらなかった」とあり、裏には「私にしてあげられることといったら、惚れた銘刀を気軽に貰ってあげること位のことですよ、生涯の想い出にして下さい」としたためられてあった。

一つの物に心付けされたものは、人間として生きていることの証そのものである。それは職人のわざとこころであり、また剣士のわざとこころでもあった。今日の社会はノウハウ、マニュアル化の高速テンポの時代をむかえている。剣道における人間教育は「そのときわからなくとも人間として生きていくうちにわかるようになる」という人間に対する信頼感に裏打ちされた懐の深さを大切に培ってきている。心ある人たちのこうした若者を教導してゆく術に学ぶことも重要な課題となってきていると言えよう。

第三章

剣道近代化の特異性と日本文化

日本文化の二つのサイクル

中国から西欧へとその文明的基準を転換させた明治の近代化を「模倣説」（イミテーション）ないしは「転向説」とする学説は多い。そのなかにあって、生態学的比較文明論者として知られる梅棹忠夫は「平行進化説」を提唱している。そこでは西欧と日本との比較を歴史的、地理的、気候的、生態学的類似性において展開し、幕藩体制を近代化の玄関口としてとらえ「日本はもう一つのヨーロッパである」と結論付けている。これはまさに昨今の古い欧州から新しいＥＵの動向とも符号していて興味深い。

つまり剣道の近代化が幕藩体制下にあってすでに自生的に萌芽し、発達していた事実を見逃してはならないのである。そしてフェンシングの剣先に球をつけるのと剣道の竹刀使用が、さらにはマスクと防具の発明が呼応するかのようにほぼ同時代的であるということもおもしろい。しかしながら、注目すべきはその後の展開を見ると両者の間に大きな意味の違いが現れてくるのである。ノエル・ペリンの『鉄砲を捨てた日本人』という書は、今日における核兵器廃棄による世界平和を訴えているものであるが、十七世紀という国内外が火器最盛の時代に何故に家康は鉄砲を捨てたのか、この世界的にも類例のない政策の地球規模的意義を問うている。裏を返せば、このことによって剣という武の文化性の芸道文化としての醸成期間が与えられることとなるのである。

さらにはこうして醸成されていった芸道文化としての剣術の本質的特殊性を競技特性としてすくい上げ（継承）、そこに「競技文化」としてのあらたな価値を創造しつつ今日に至っている。そしてこの潮流は、一九三〇年代には海外へも流出しはじめ、一九七〇年には国際剣道連盟の結成を見、民族的伝統競技である剣道の国際化が進展してきているのである。

こうした「実用文化」から「芸道文化」へ、さらには「競技文化」への「継承」と「創造」の連鎖は歴史的経緯としての時間系列であると同時に、先に図示したようにつねに求心的かつ三位一体的体系にあるものとしてもとらえられる。ここに日本文化としての剣道近代化の特異性が潜んでいると言えるであろう。

そもそも日本文化は、その地理的・歴史的条件の特異性によってか、極めてユニークで個性的であるとして知られている。それは日本列島がユーラシア大陸の東辺に海を隔てて位置しており、大陸より次々に打ち寄せてくるあらたなる文化の波を受け容れては交配させ、雑種の混合文化として醸成させながらつねに新しい自己の文化を築き続けてきていることによく示されている。いわば「近代化」とは、こうした日本文化の文明化過程でもある。文明とは一般的に誰もが参加できるような普遍的かつ合理的なものであり、これに比べて文化は、むしろ特定の集団（例えば民族のような）においてのみ通用するような特殊なものであり、元来不合理なものとしての性格を持つものである。この文明化へのうねりは、他の民族文化との交流においてそれまで無意識的に受け継がれてきていたみずからの伝統文化が自他の関係において相対化され、意識化されていくことによって増幅されていくことである。そこでは、それぞれの本質的特殊性がすれ合い、ぶつかり合い、文化摩擦を引き起こし、反発と融合共存とを往還しつつ、あらたな価値が創出され、文化変容の過程を進展させていく。文化人類学で知られる石田英一郎は「日本人の外来文化に対する一見盲目的な追随と模倣の裏には案外根強い抵抗と選択が行なわれていた」として「外拝」と「排外」の両面性を強調する。

また哲学者の上山春平は「『みずからを外に開いて外来文化をそのままナイーヴに受け入れる時期』と『外を遮断して、それまで受け入れたものを内部的に消化していく時期』とこの二つの時期のかなり截然とした交互発現が歴史的に見られる」として日本文化史を概観する。

とくに興味がそそられるのは、日本文化の波動は大小二つあり、大波は一二〇〇年を周期とする六百年サイクルであり、小波は明治以後に見られるほぼ四十年周期の二十年サイクルであるとしているところである。

このような視座から〈剣道の近代化過程〉の論考を展開してみたい。剣道の近代化過程の第一期を「自生的近代化過程」、第二期を「焼き直し的近代化過程」、第三期を「総決算としての近代化過程」の三期に分割し、それぞれの特異性について考えてみたい。

第一期近代化過程——江戸中期頃から幕末

1 「型」剣術の隆盛

湯浅泰雄は『気・修行・身体』のなかで、中世以降、仏教における修行のあり方が芸術の場に移行させられ、稽古論が生み出されたこと、そこにあって「悟りの境地」は、「幽玄」や「花」といった美的境地に重ね合わされ、芸道論が形成されるに至ったこと、さらには、戦国・近世においてこの芸道論から武道論が開花されていった経緯が詳しく述べられている。この時期にあって、武術を単なるテクニックや、実用的価値に限定するのではなく、芸術性や精神性の高い芸道文化としてとらえる（武と芸さらには文との交流——術を媒介として道の工夫をする——）が色濃く体質化されていったのである。その修行・稽古論の底流を流れるものが「肉体のなんらかの行為を通じて高い生命に与ろうとする日本の道は、高い真理の世界を肉体のもっとも合理的な持ち方のなかに、さながら反映せしめる」（佐藤通次）という「東洋的身心論」にあることは他に論をまたない。

一般に「実用」から「芸道」への移行は「型」の形成過程としてとらえられ、十六世紀末から十七世紀初頭に起こり、十八世紀には十分に整理、洗練される。いわゆる中国の古代思想（仏教〈禅〉、儒教、道教）などを文明的基準としながら展開され、「わざとこころ」の洗練化と、論としての集積は、各流派間での「技法論」と「心法論」への振幅として展開され、「型」剣術としての隆盛を見るのである。

2　竹刀打ち込み稽古法の開発

しかしながら、十八世紀の初めの頃ともなると世は太平となり、よく知られる華法剣術化が進行し、近世剣術史上まれにみる衰退期をむかえたことも事実であった。この期にあって起死回生の特効薬として登場してくるのが、「竹刀・防具の考案と改良」であり、「竹刀打ち込み稽古法」の開発であった。このことは「剣道が運動文化としていつの時代にあっても存続することのできる様式を獲得した画期的な出来事」でもあった。

当時すでに存在していた柳生新陰流の「袋竹刀」や、馬庭念流の「綿製の面、小手」等々を集大成し、さらに改良を加えて現在の竹刀、防具の原型をつくったのは直心影流の開祖山田平左衛門光徳と、直心影流を継いだ長沼四郎左衛門国郷であった（一七一一〜一七一五年頃）。さらに中西派一刀流の中西忠蔵子武がこれを採用し、「竹刀打ち込み稽古」に踏み切ったことによって広く一般に普及していく（一七五一〜一七六四年頃）。

時代は経済土台が米から貨幣への移行期をむかえており、商人の台頭著しく、芸道文化の高揚期をむかえる。ここでは、型稽古（基本）竹刀打ち込み稽古（応用）という相即性や、実戦さながらの攻防が単に安全であるということに止まらず、まったく基礎のできてない者でも、初心者は初心者として醍醐味が味わえることにその特徴がある。いわゆる「打突の一人歩き」ということである。

3　技の体系化と技術化

こうして十九世紀ともなると竹刀や防具も現在のものと近いものに改良され、講武所設立も手伝って、流派間の交流と他流試合が流行し、「打突部位の確定」とその「技の体系化と技術化」が進展していくこととなる。そして幕末期のこうした流れのなかに登場したのが北辰一刀流の千葉周作であった。千葉は広く剣道近代化の父と目されているが、それはこの同居・拮抗関係から一歩を踏み出し、「竹刀打ち込み稽古法」の定着化と、斬突から打突への組み替えとしての「技の体系化とその技術化」へと大きく旋回させていったことの功績によるものと考えられる。

この期の特徴を要約すると、日本刀の実用性と芸術性の兼備に象徴されるように、《実用↓〈演武〉↑競技》という図式の芸道文化としての醸成にある。つまり実用性を下敷きながらの斬突から打突への組み替え〈継承〉と、よく言われる「剣術の華法化」「打突の一人歩き」〈創造〉とが拮抗しながら醸成されていったということである。こうして演武を中心としながらも、三位一体的な芸道文化の醸成が、演武と競技の同居形態のなかで深く進行していくところに特異性があったのである。

それはまた、今日のＥＵ体制にも相似た幕藩体制下にあって、幕末期には武家文化と町人文化との混成の時代でもあった。驚くことには、西欧の競技スポーツとの交流を持たない近世末にあって、一方で民族的伝統文化を醸成させながらも、他方で自生的な競技化を萌芽させ、士分を越えたわが国最初の大衆スポーツとして一大剣術ブームを巻き起こす程にすでに開花されていたということである。まさに「近代化の玄関口」としての近代化を十分に自生させていたと言う他はない。

第二期近代化過程――明治、大正、昭和初期

1　嘉納柔道の近代化過程

一般的に、柔術から柔道への近代化過程は、近代国家建設と軌を同じくした嘉納治五郎創始の講道館柔道に集約される。その近代化の基本的枠組みと内容については明治二十二年五月に嘉納が講じた「柔道一班、並びにその教育上の価値」に端的に現れている。簡潔に言えば、「武術としての勝負法」から「競技としての勝負法」への組み替えであった。明治近代という歴史的・社会的潮流のなかにあって、古流の武術的技術体系を「精力善用」「自他共栄」の二大理念のもとに受け止め、「体育」と「修心」を目標とした「乱取」による「競技としての勝負法」の開発にあたった。そして、明治十五年

に「講道館柔道」を標榜した当初には他の柔術諸流派と横一線であったものが、時代の先見性、術理の整合性、さらには他との競合において着実に実績を挙げていくことによって、しだいに柔術界の主流となり、近代柔道の確固たる地盤が築かれていった。

その「技の体系化と技術化」について要約すれば、立技を中心としていた固技（抑、絞、関節技）をふくむ「乱取法」、つまり「競技としての勝負法」の検討に熱中する。そして、古流の危険技（当身技など）を形として「乱取」の枠外に取り出し、別枠で形として修練することをはかり、それとは別に「乱取の形」（投の形、固の形）を制定して「形＝基本」「乱取＝応用」の諸式整理をしつつ「乱取法」を進展させていったのである。

当然のこととして、「畳」の常敷と「受身」重視が不可欠なものであった。もちろん、この「乱取法」や「受身」が嘉納一人の独創によるものではなく、すでに柔術諸流派のなかにあって開発され実践されてきていたことも事実である。とくに起倒流や関口流の「受身」の創意工夫と幕末期に起こった自剛天真流の「乱捕」稽古法は講道館柔道の特色である投技の発展に著しく貢献し、固技もふくめた「乱取法」の開発に大きな影響を与えたと推察される。

2　高野剣道と大日本武徳会の結成

剣道近代化の指標としては一つに「竹刀・防具等用具の考案と改善」が図られ「竹刀打ち込み稽古

法」が定着化していったこと（江戸中期以降）。二つは、このことと同時進行的に「打突部位の確定」とその「技の体系化と技術化」が推進され、これにともなう「指導法」および「競技法」の開発が進展していったこと。三つ目は、流派性統合の象徴としての「剣道形」の制定（大正元年）が挙げられるであろう。

そして先の嘉納柔道の近代化に見られる東西文化の融合共存路線と軌を同じくするのが高野剣道と言えるであろう。千葉周作によって先に体系化された「北辰一刀流の『剣術六十八手』は、高野佐三郎によって教育剣道用に『手法五十種』に精選され、大正期の教育現場で実施されたが、実際教育現場で試してみると、それでも不合理な技や技術が多く残っていたので、高野の弟子の富永堅吾によってさらに精選され、〔中略〕竹刀打ち教育剣道用の技として、打突部位別の技の体系と技術とが一致するようになったのである」（註1）として、刀の操作内容を竹刀操作内容に組み替え、剣体一致の足捌きと動作に修正し、打突部位別の技の体系化と技術化が〈一応の完成を見る〉のである。その意味では著者『剣道』は焼き直し的近代化の象徴であり、近代国家における教育教材としての体裁を整えている。いわゆる一対多の効率的、組織的指導展開をはかる団体教授法の導入と展開によって前段の「教習編」が構成されている。

こうして運動文化の中核的な特質である「斬突」から「打突」への組み替えは達成されてはいったが、一方では大日本武徳会（以下、武徳会）の近代化に逆行するかのような復古的かつ国粋的な路線が存在する。先の自生的近代化過程の焼き直しとしての整理・整頓が東西文化の融合共存という理想実現のもとにすすめられながらも、よく言われるところの欧化と国粋の相克という潮流に呑み込まれていく。そして剣道の統括団体としての武徳会の理念である「武徳」の思想というフィルターを通して押しすすめられていくという二重構造性を持つところにこの期の近代化の大きな特徴がある。

少し視点を変えて明治、大正、昭和初期の剣道の動向を概観してみよう。明治近代国家の建設が「国家存亡的危機感」を背景に性急なまでの西欧文化の受け入れが開始され、進歩的な自由民権運動も盛り上がりを見せる。明治の初めの頃の剣術にあっては撃剣興行の禁止に続く廃刀令（明治八年）によって一時的にも空白期をむかえる。二十年代に入ると、漢籍が復活しはじめ日本在来のものも再評価されるようになる。教育勅語はこの内向きを象徴する存在として登場してくる。こうして明治二十八年の日清戦争勝利に沸き立つなかで武徳会は設立されるのである。

西欧では、スポーツクラブを基盤として各競技スポーツの統括団体が次々に設立されていったのに対して、武徳会は皇族、政治家、官僚などの支持を得て、一つには衰退してきている武術の保存、復興をはかることを目的とし、二つには競技化には消極的姿勢（実用性重視）をもって、三つには学校の正課への組み入れを目標とする。そして教育勅語の国家主義思想を「武徳」の涵養として受け止めての出発であった。実質的な機能を本格的に発揮するようになるのは、四十年代から昭和初期までの外向きサイクルを前にした日露戦争以後ということになる。

3　東西文化融合と国家主義の二重構造性

以下、四十年代以降、昭和初期までの武徳会の体質を二つの動向に見ておきたい。一つは、今日の国体の前身である外来競技スポーツ流行の象徴的存在であった明治神宮大会への参加をめぐる問題であり、もう一つは武徳会が「昭和二年規程」成立に至るまで、新興競技スポーツの渦中にあって、剣道の競技化とどう対処してきたのかという問題である。

大正期における外来スポーツの盛況ぶりは目を見張るものがあり、とくに高等専門学校主催の各種運動競技大会や、中等学校や大学などの大会も活発に催されてくる。こうしたなかに明治神宮大会は大正十三年に誕生するが、武徳会本部は第二回大会を前にして不参加を表明する。その背景には「武道はスポーツか否か」という問題が底流にあり、流行を極める外来スポーツへの強い反感が顔を覗かせている。しかしながら、この「剣道は競技にあらず」として「外来スポーツと一線を画す」という独善的行為は、当時の社会通念からは剣道家だけが超然としてみずからを高く保とうとしても結局は骨董品化して余命をつなぐにすぎないのでは、と危惧されるものであった。

高野剣道の後継者でもある佐藤卯吉は、競技スポーツとの同一歩調のなかに剣道の特殊性を堅持していくべきであるとの立場から「武徳会は古き衣を脱ぎて来れ、覚めて起て」と参加要請の論評を展開している。こうして十五年の第三回大会には解決をみることとなる。

このような武徳会の競技的性格の軽視や、実用性の重視によって、明治期と大正期までの大会内容はほとんどが演武方式中心の試合であった。明治三十五年の「審判員心得・試合者心得」、同四十年の「剣術講習規定」、大正八年の「剣道試合に関する心得」等々に見られる内容はいずれも「申し合わせ」といった性格の強いものであったことが覗える。こうしたなかにあって、大きな転換点となって登場するのが「昭和二年規程」である。

大正後期の警察や学生の勝敗文化志向のうねりが、第三回の明治神宮大会への参加の引き金となり、武徳会のこれまでの競技化への消極的姿勢に対する転換を迫り、重たい腰を上げざるを得なくなったものと考えられる。

この規程では、一つは、今日の原形となる「打突部位」の確定と「有効打突」の内容が、二つは、反則条項として「非礼なる言動」と打突後の「引揚げ」の禁止がはじめて成文化されたことに大きな意義がある。以後の明治神宮大会や天覧試合などの全国的な大会の統一ルールとして「演武」から「競技」へ、「心得」から「規則」への橋渡しを決定的なものとしていった。剣道の近代化を推進していく本格的な競技ルールとしての出発点となったと言える。

この期にあって、東西文化融合共存路線と、武徳会路線（国家主義―武徳思想）という二重構造性のなかで先の近代化の指標が「一応の完成を見る」ことになるのである。

第三期近代化過程――戦後から今日に至る

1　撓競技としての復活

戦前、戦中における「戦技武道」への反省から、戦後の禁止期を経ての再スタートとなる。いわば、前近代的なるものをすべてかなぐり捨てていく総決算的な近代化の幕開けである。日本刀が武器であると同時に美術品であるという事実と、剣道における芸道文化としての醸成〈実用↓〈演武〉↑競技〉がつねに三位一体的にすすめられてきたという特異性について先に触れた。戦時体制下にあってこのことと、統括団体である武徳会の体質である「武徳」思想の肥大化がこの「戦技武道」への傾斜を強めていったと言える。

それは、あまりに日本的という純粋性に固執する営みは、つねに自家中毒症状を引き起こしてしまうということであろうか。つまり剣道という文化を取り巻く属性的な価値としての「武徳」思想の実現を目的とし、剣道そのものを手段化してしまう主客転倒の産物でもあったのである。

戦後の「撓競技」としての復活は、運動文化として歴史的に獲得してきたわざとこころの洗練・深化内容である運動の質〈対人的、運動的、技術性〉をすくい上げての競技化ではなかったが、以後の剣道の競技化への示唆に富むものであった。世界へ向けての発進も一九七〇年（昭和四十五年）に国際剣道連盟の結成とともに、にわかに活発化しはじめてくる。国内的にも、一九七五年（昭和五十年）には理念の制定が、続いて五十四年にはこれに基づく競技規則の改正等が近代化総決算の諸式整備として矢継ぎ早になされてくることとなる。

日本社会は戦後さまざまな紆余曲折を経ながらも、科学技術の急速な発展と、経済繁栄を達成し、我々に未曾有の豊かさと便利さとを提供してきた。「光強ければ陰もまた濃し」の諺通り、その病巣の深刻さがあちこちに噴出しているかのような「文化的道徳的廃退」が叫ばれている。こうした社会的状況を背景に武道名称の復活や文化と競技をめぐるバランスシートを求めてのあらたな模索が始まっていったと言える。

2　本質的特殊性を明確化することが急務

結論的に述べるならば、前近代性の濾過装置をどう構築していくかということになる。換言するならば、〈芸道文化〉の〈粋〉を東西文化の融合共存路線を推しすすめながら〈競技文化〉としてどのようにすくい上げるかという文明化の課題の前に立っているということである。つまり、剣道の属性的な付加価値を削ぎ落とし、本質的特殊性を明確化していくことこそが普遍化としての文明化をより一層促進していくということであろうか。

伊藤元明氏（杏林大学客員教授・医学博士）は勝浦の日本武道館研修センターでの全国中・高体連指導者研修会の講演のなかで、「霊的健康」という内容が論議されるようになってきているということを報告された。これは人間の健康が個から社会へ、さらには地球生命の歴史と営み、つまりは全生態系の上に成り立っているという考え方であるとして、「無償の愛」「利己的でない」「自然への畏敬の念」「他者への寛容」という言葉が付け加えられた。非常に清々しく深い感銘を受けたのであった。

剣道にあっては「我利、利己中」を脱する生涯を通したわざとこころの追求が「本體は體の事理なり」という体解の世界と連鎖し、自己のより高次な心身の相関性の開発へとつながっていく競技文化内容が志向されなければならないということである。

ともあれ、残念なことには、この昭和五十四年の改正は戦後剣道の勝敗文化的内容の粛正をはかるものとして「態度重視」が主な改正内容であったが、かえって競技場面を一層混乱させる結果となり失敗に終わる。昭和六十二年の再改正では昭和四十四年時の内容に戻るものとなり、勝敗文化的な内容是正の決定打がいまだ放たれていない現状にある。一日も早い総決算としての近代化の完成が待たれるところである。

ひふみのこと

柔道近代化アラカルト
形と乱取（実戦）に即応性を持たせた

柔道との対比において、第二期近代化過程の特異性をいま一度整理しておきたい。

柔術の「乱捕稽古法」は受身の工夫と畳の常敷化によって開発促進され、剣術の「竹刀打ち込み稽古法」は竹刀・防具の考案および改良と相俟（ま）って開発されていった。嘉納柔道では当身技などの危険技を形として乱取法から摘出し、投技、固技を中心とした乱取法を完成させ、さらに乱取のなかで使用される技を形として制定する。

一方剣道では、流派間摩擦と競合のなかで、攻撃目標である打突部位を「人体の急所の『象徴的集約点』」として限定させていくことによってさらなる安全性の確保と技の体系化が図られていく。

柔道の形は「古式の形」「極の形（危険技の形）」「乱取の形」「柔の形」「五の形」等々に類別されており、とくに乱取でつかわれる技を形として制定し、これを基本、乱取をその応用として位置付けることによって、形と乱取との相即性を持たせているところに特徴がある。これに対して剣道の形は、古流の流派性統合の象徴としての統一形である。いわば現代剣道との相即性は、かなりの高段者になってはじめて体認されるものといった性格のものである。

形を基本とし、竹刀打ち込み稽古を応用とする図式は「竹刀打ち込み稽古法」が出現した流派剣術の当初には存在したものの「斬突の打突への組み替え」「打突部位の確定」、さらには「技の体系化とその技術化」という取捨選択の過程を経て「竹刀打ち込み稽古法」そのもののなかに「技の稽古法」としての位置付けがなされていくのである。江戸中期に始まったこの過程が、大正末期から昭和初期の頃に「一応の完結を見た」として大ざっぱに見積もったとしても、二百年余りの長期にわたる醸成期間を要しながら達成されてきたことに大きな特徴があるのである。

【引用文献】

註1　中村民雄「剣道の技の体系と技術化について―打突部位別の体系から対応の仕方による体系へ―」（1995）

【参考文献】

・佐藤通次『この道（調和の哲学）』元々社（1955）
・湯浅泰雄『気・修行・身体』平河出版社（1986）
・梅棹忠夫『文明の生態史観』中公文庫（1967）
・山本七平『比較文化論の試み』講談社学術文庫（1990）
・ノエル・ペリン『鉄砲を捨てた日本人』紀伊國屋書店（1984）
・杉江正敏「近代武道の成立過程に関する研究―武道の近代化への適応を巡る諸問題についての一考察―」（1974）
・大塚忠義『日本剣道の歴史』窓社（1995）
・梅棹忠夫・多田道太郎『日本文化の構造』講談社現代新書（1972）
・平野亮策・作道正夫「柔道受身に関する考察―近代化過程（教育化、競技化）を中心として―」大阪武道学研究第5巻第1号（1992）
・渡邊一郎先生古稀記念論集刊行会『武道文化の研究』第一書房（1995）

第四章

剣道国際化と競技性

剣道国際化における文化と競技の基本スタンス

月刊『剣道時代』二〇〇二年四月・五月号において掲載された村上太一論文（「武道の国際化に関する一考察」）は、大阪体育大学修士課程の卒業論文の要約版である。このレポートでは真の国際化の方向性として「歴史的過程において洗練、豊富化されてきた文化的質の継承、発展」を最優先する立場が指摘されている。

つまり「あるべき内容を持った剣道」の国際化を前提として、国際普及の現状や問題点を洗い出し、オリンピック正式種目化問題にも言及している。そこでは多文化主義の立場の重要性を示唆し、強者の文化（近代スポーツ）と弱者の文化（伝統スポーツ）とが相互に影響をおよぼし合い、尊敬し合う「文化ヘゲモニー」に注目して、より普遍的で世界共通の「競技文化」としての剣道を展望しようとするものであった。

前章で剣道の近代化と特異性について論考した。今回はその総決算としての国際化問題について、〈文化〉と〈競技〉のバランスシートを求めながら、その方向性を再確認しておきたい。

国際化によって柔道はどんな道を歩んできたか

村上論文のなかでも、一九六四年の東京オリンピックの正式種目となったわが国の武道群を代表する柔道の国際化の歩みに学ぶところは大きい。だが、そこには、剣道が正式種目になることによって、世界の関心が高まり、急速な普及が期待される反面、その過程で勝利主義や商業主義にのみこまれ、〈文化〉と〈競技〉のバランスを著しく崩し、剣道の文化性が変容されていってしまうのではないか、という危惧感が背景にある。

つまり柔道的変容を最小限に喰い止める国際化の方向性を模索しているからに他ならない。その後の我々の研究成果から、その変容と回復の経過をみておきたい。

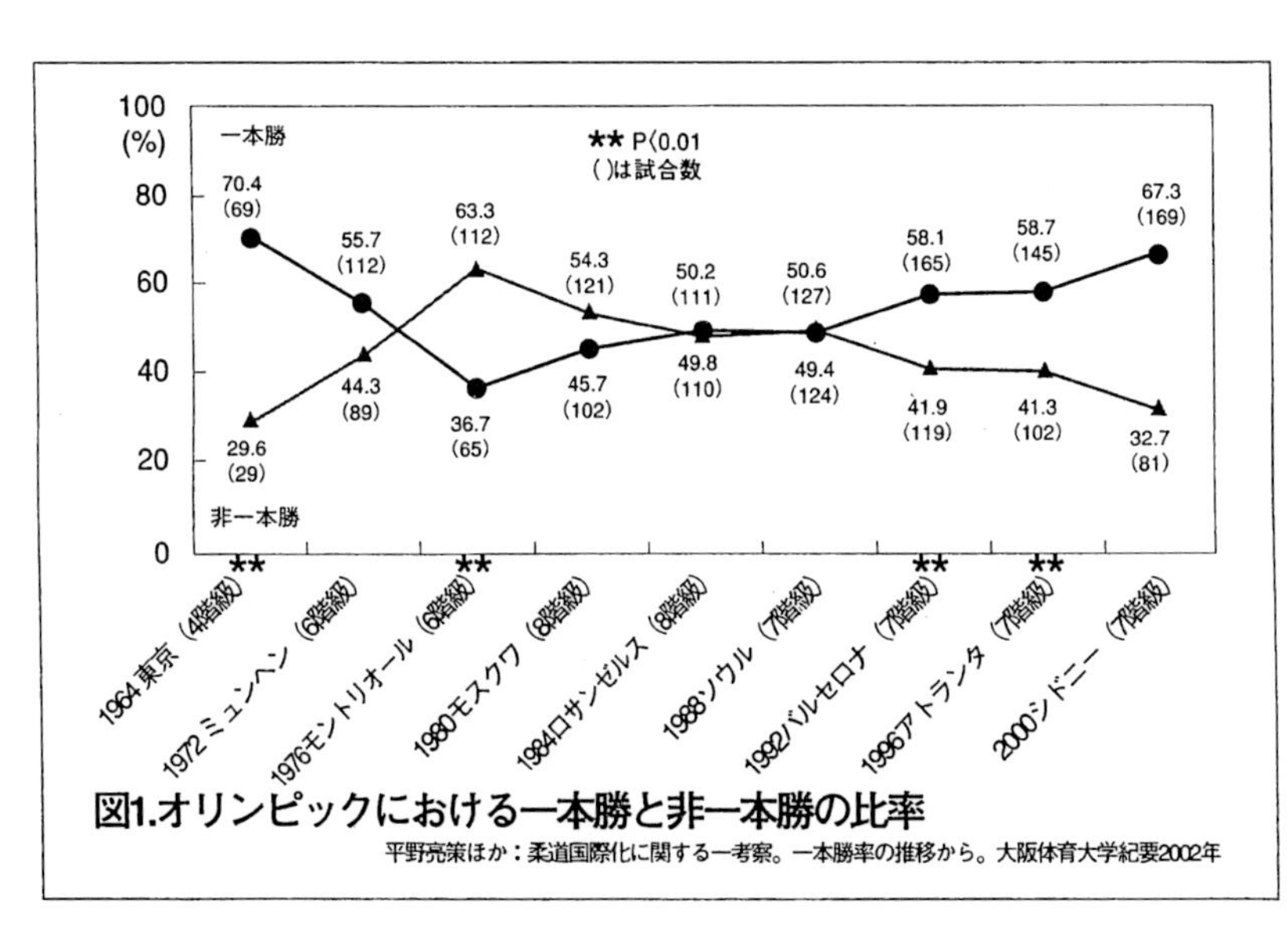

図1.オリンピックにおける一本勝と非一本勝の比率
平野亮策ほか：柔道国際化に関する一考察。一本勝率の推移から。大阪体育大学紀要2002年

柔道は、国際柔道連盟の創立以来半世紀が経過した。嘉納柔道の投げ技の見事さ、「柔能制剛」という小さな者が大きな者の力を利用して倒す技術的特性、さらに精神的境地の高さに魅力が集中し、海外普及が進展していく（文化交流と摩擦）。

やがてその競技内容の明確化という名目で、先行格闘技であるレスリングなどの洗礼を受けながら技のポイント化や反則の細分化などの数量化が着手され、〈着衣レスリング＝ポイントＪＵＤＯ化〉が進行する（文化変容）。そして近年では一本勝ちへの回帰現象が目立つようになり、普遍的な世界共通の競技文化としての「柔道」の地歩を固めつつある（文化へゲモニー）。

図1はオリンピック大会における一本勝率の経緯を示し、図2は、一本勝ちにおける合わせ技の占める割合を示し、図3は、その一本勝ちにおける投げ

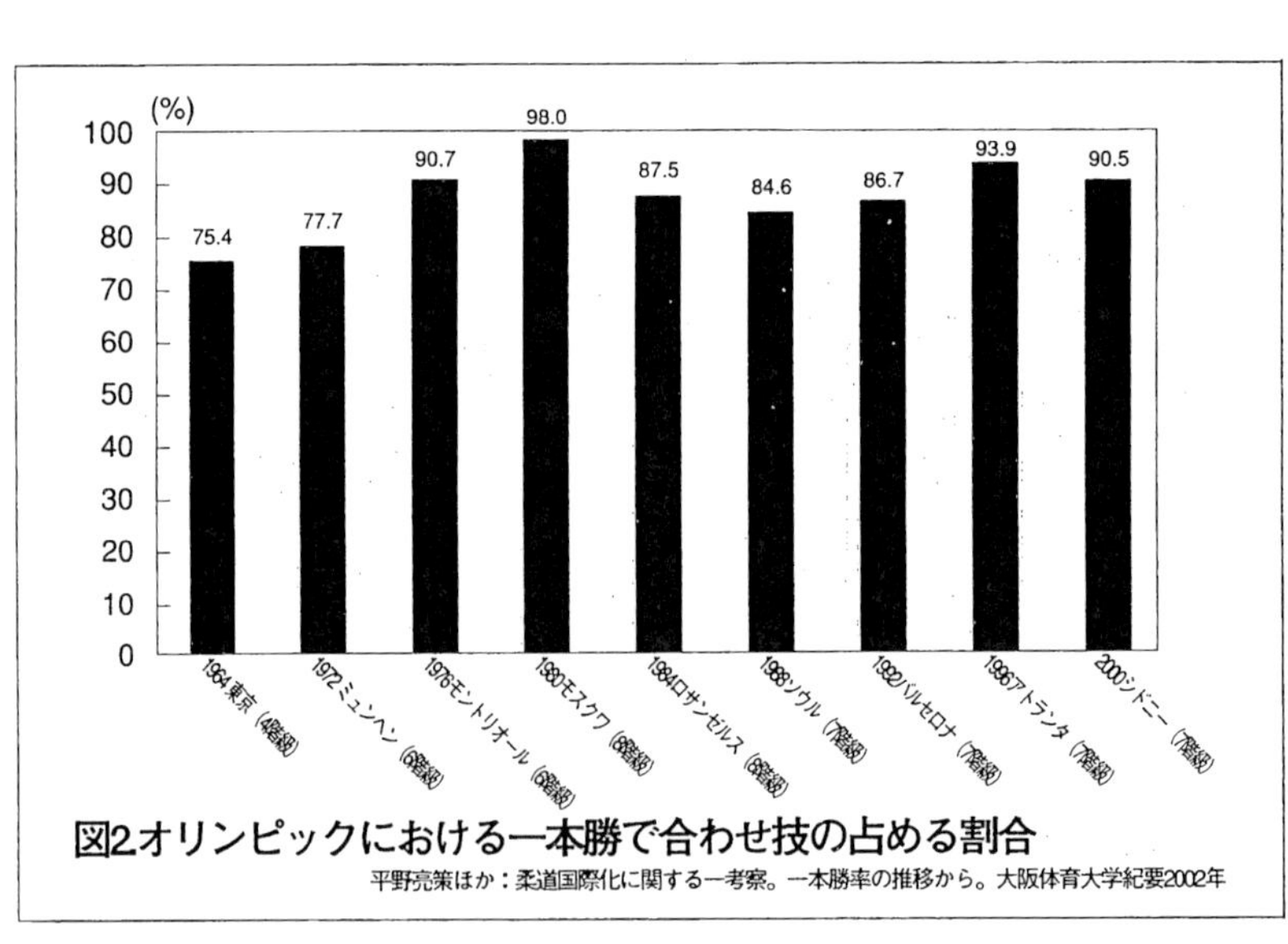

図2.オリンピックにおける一本勝で合わせ技の占める割合

平野亮策ほか：柔道国際化に関する一考察。一本勝率の推移から。大阪体育大学紀要2002年

技と固め技との比率を示すものである。グラフ上に顕著に見られるように、見事なまでに上記の国際化の区分を実証する資料であると言える。

ただ、文化変容を脱した観はあるものの、いまだ行く先の不透明感は否めないのも事実である。その理由に、一つには本来、数量化ができない競技規則内容がそのままであること。二つには、観戦者もふくめたテレビ視聴者を意識しての〈見栄え主義〉への傾斜が危惧され、「一本」の判定基準の内容にも変化が現われてきているのではないかということを指摘しておきたい。

このことは図3の資料にも顕著に現われている。スピーディーな試合展開を求めて主審の「待て」が早くなり、寝技での攻防の機会が極めて少なく、投げ技と固め技の比率に大きな差異が見られるようになっていることや、先般のシドニーオリンピックで

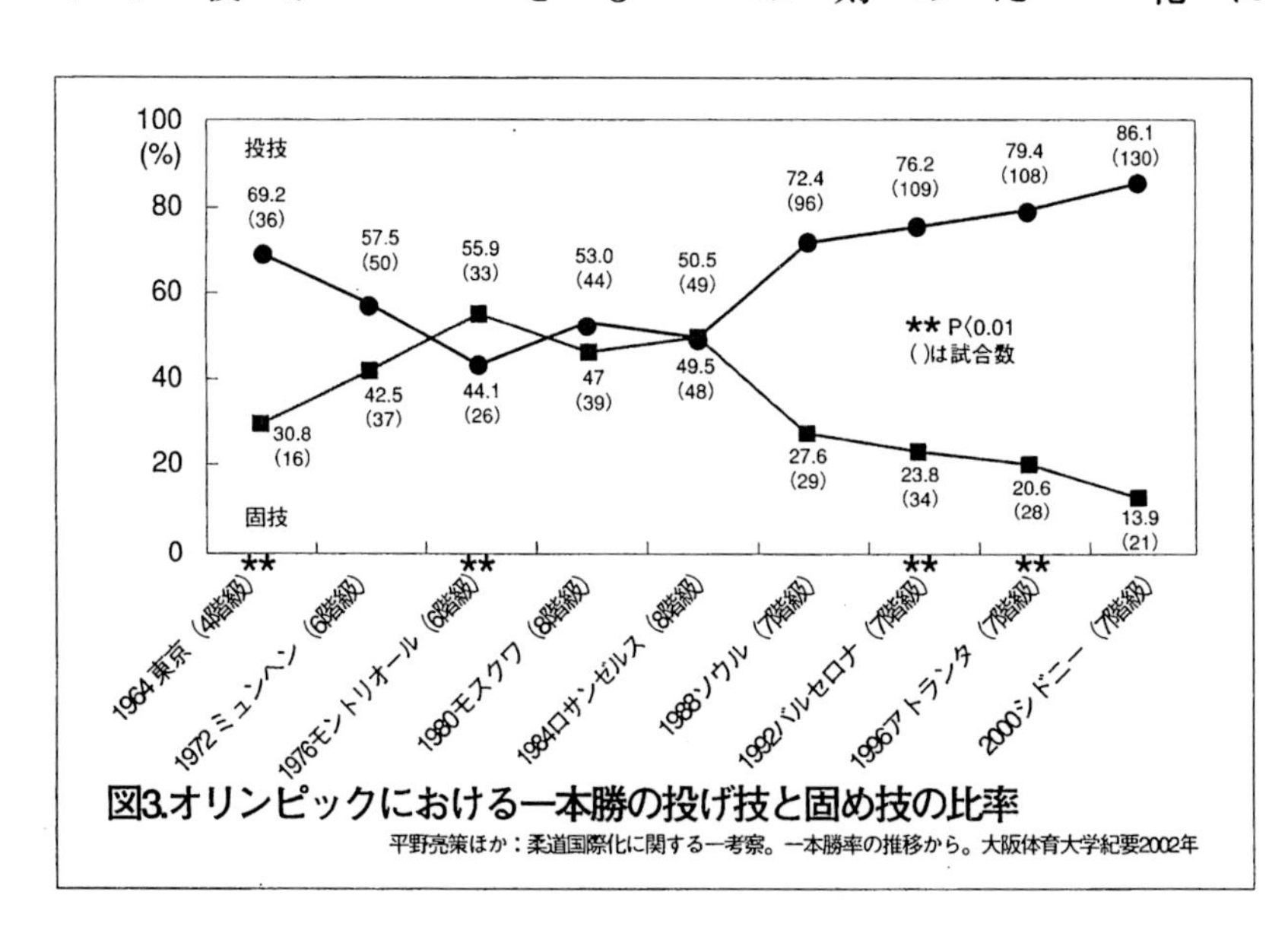

図3.オリンピックにおける一本勝の投げ技と固め技の比率

平野亮策ほか：柔道国際化に関する一考察。一本勝率の推移から。大阪体育大学紀要2002年

篠原とドイエ戦の判定をめぐって見られたように、一本の基準や内容にもズレが生じてきている観は否めない。これらとどう向かい合っていくかが、今後の競技文化としての柔道の方向性を展望する上で重要な課題となってくるに違いない。

剣道国際化をすすめていく上での五つの課題

柔道に比べ、剣道は一九七〇年に国際剣道連盟を設立し、今日までに十二回の世界選手権大会を開催した。現在剣道は世界四十四ヶ国の国と地域を代表する団体が加盟し、生涯スポーツ（武道）として親しまれている。一九七〇年に国際剣道連盟が十五ヶ国とハワイ・沖縄の二地域の加盟により誕生して以来、今日に至るまで三十余年が経過してきている。

全日本剣道連盟は「剣道を他国に押しつける気はない。要求ある国に対してできる限り協力する」という基本方針のもとに、指導者派遣、外国人剣士を招待しての北本サマーキャンプ（外国人剣道指導者夏期講習会）、世界選手権大会への援助、防具・用具の寄付など、さまざまな普及、援助事業を展開してきている。

こうして地道に「あるべき内容の剣道」を各国に根付かせる努力を払ってはきているものの、指導者育成問題や審判問題など多くの問題をかかえており、オリンピック正式種目としての基準の「普及度」（量）、「普遍度」（質）の両条件を満たしていないというのが現状である。

以下、月刊『剣道時代』一九八九年二月号の「剣道国際化についての私見」の骨子を五項目に要約し、若干の補足説明を加えて紹介しておきたい。

1　東西文化の融合・共存を志向すること

世を挙げてスポーツ万能の時代をむかえているかの観があるが、単に近代スポーツという乗合バスに乗り遅れないための国際化であってはならない。

民族的伝統的文化としての剣道にあって東洋的心身論に裏打ちされた「わざとこころ」（そして、その洗練・深化の世界）を競技文化としてどう受け止め、発展させていくかが問われている。それは剣道の運動文化としてのさまざまな潜在的価値に対する深い洞察が前提となる。その上に立っての東西文化の融合・共存を志向することが大切である。

2　剣道の〈対人的・運動的・技術性〉の具体化をはかること

〈実用→演武→競技〉という大きな歴史的流れのなかにあって、芸道文化としての《実用→〈演武〉→競技》的枠組みでの醸成期間が長かったことの特異性が、今日もなお未完の競技文化としての印象を残している。

両手で刀および竹刀を操作する剣道は「自分が打つときは相手からも打たれるところ」という制約性を負っている。「相打ちを出発点とし、また到達点」とする「わざとこころ」の世界を開発してきた。その意味で「有効打突」は芸道文化の粋を競技文化としてすくい上げたものであり、「技術性（運動の合理性——技術美）」とともに「表現性（全一的自己表現性——芸術美）」の統合の象徴でもある。今後この数量化できないものの具体化、鮮明化が最重点課題となる。

3　各国の国民性や民族性を尊重すること

文化多元主義の立場を重視する国際化をめざし、あまりに〈日本的〉という属性的な付加価値を大上段に構えて性急に求めるものであってはならない。その国際交流は決して一方通行的なものではなく、相互作用的なものである。当然のこととして、そこにあっては一定の文化摩擦や変容をも許容することが求められるであろう。

その許容は、剣という武の文化性に潜む底知れぬ価値と「双手剣の理」に対する深い信頼感に裏打ちされていなければ不可能となろう。まさに「教えることは学ぶことの半ばなり」ということであろうか。

4　学生指導者の派遣で土壌整備をはかること

学生に代表される若者の長期派遣と高段者の短期派遣事業のセット方式化で相乗効果を上げていくことが期待される。これは学生剣道の活性化につながると同時に、次代をになう国際感覚を豊かに持った若手剣士の育成につながり、国内的な剣心を豊かなものとする作用を近い将来にもたらすに違いない。各国での自前の外国人指導者も出現してきている昨今、毎年実施される北本キャンプの成果とも合わせて、国際化にとって土壌整備の切り札として若者を信頼して育てることの重要性が示唆されるところである。それには帰国後問題の制度的検討も急務となる。

5　数量化への迷いを断ち、剣道独自の競技化を求めること

剣道では、審判の「有効打突」と「反則」の判定をめぐって、その誤差を最小限にとどめる競技化がいまだ成熟し得ていないという現状にある。柔道と比較してもその競技化難度が極めて高いことに基因するが、長期醸成の芸道文化の枠をすくい上げ、競技文化へ組み替えていく作業は幕末期以来、波状的に進展しつつも難渋を極めている。運動文化としての剣道の競技的価値を規定する「競技規則と審判規則」の徹底的な検討は急務である。

柔道にあって、競技内容の明確化という名目での「数量化」導入が文化的変容をもたらしたことに学び、この「数量化」への迷いを毅然として断った剣道独自の競技化の道程が求められなければならないところに立たされている。合わせて審判員養成制度の確立とともに抜本的な取り組み強化も急務

となろう。

運動文化としての剣道の特殊的本質とはいったいなんであろうか

剣道の国際化を日本文化の文明化過程ととらえることもできよう。文化多元主義の立場では文化の交流は相互尊重でありながらも、それは相互作用のなかにあり、つねに摩擦と変容の過程にある。いわば、剣道が東西文化融合共存という普遍化を達成していく過程とは、とりも直さず〝日本的〟という時代的（時間）、民族的（空間）限定性をでき得るかぎり取り除く作業であり、それでも残る剣道の特殊的本質性をすくい上げ、鮮明化していくことに他ならない。

ここでは先の五項目に対し、こうした意味でのさらなる濾過（ろか）作業を試み、運動文化としての剣道の特殊的本質性に迫ってみたい。

1　相打ち思想に昇華させた双手剣の理

まず、運動文化としての剣道の中核とは一体なにかという問題である。剣道の歴史を「生死を賭けた闘いの場面」（武術—殺傷・実用文化）、「東洋的身体論に裏打ちされた修行・稽古の場面」（武芸—演武・芸道文化）、「有効打突（技）を競い合い勝敗を争う場面」（武道—スポーツ・競技文化）として、

〈とき〉と〈場面〉を移し変えながらの生成・発展の過程ととらえることができよう。

この全過程を一貫するものとは〈太刀・木刀・竹刀〉と用具の違いこそあれ、剣道という運動に固有の時間と空間、つまり双手剣の理に集約されるところの〈対人的、運動的技術性〉の継承と創造の連鎖のなかにある。

それは双手剣の理〈自分が打突するときは、相手から打突されるところ〉という制約を負っていて、しかも一触即発的な瞬間的かつ連続的攻防のなかに技が発揮されていく。ここをのっぴきならないものとして受け止め〈拘束性〉、みずからその技を開発〈自由の獲得拡大〉し、〈相打ち・相抜け〉思想にまで洗練・昇華させていった。この〈対人的、運動的技術性〉（技法と心法）は、「動中の静」「静中の動」と表現されるような〈懸待＝攻防〉一致の内容としての身心の相関性を開発してきているものと言えよう。

2　三世代性文化

「子ども叱るな来た道じゃ、年寄り嫌うな行く道じゃ」とは弘法大師（空海）の教えであるが、広く人類社会にあって、人間としての生活・教育・文化の基底的土壌としてこの〈三世代〉という人間集団のくくりの意味は大きい。核家族化の進行や生活構造や様式の急激な変化、それにともなう現代社会における病巣の深刻さはこの〈三世代性〉という人類社会を形成してきた生活単位の崩壊と深く関係している。

その意味では、日常我々が営むさまざまな社会生活の局面にあって、この〈三世代〉間の人間的交流と作用の重要性が再認識される必要があると言えよう。

剣道は生涯学習の老舗的存在としての伝統を持つものであるが、一つには「老若男女の共習・共導文化」としての三世代性文化の世界を形成してきている。つまり世代、性差を超えて稽古交流し合い、ともに学び、ともに教え合う大衆文化であるところに大きな特徴がある。

二つには、日本文化の真骨頂ともいえる芸道・職人文化としての「名人・達人の文化」でもある。「老いてなお強し」という言葉に象徴される「わざとこころ」の洗練・深化という熟練の世界（質）を形成してきているところにもう一つの大きな特徴がある。今後、国際化、その普及が進展していくにしたがって、競技文化としての存在様式を主軸としつつも、この質・量を合わせた剣道の〈三世代性文化〉としての社会文化現象に対して大きな期待が寄せられてくるに違いない。

3　芸道文化の根幹をなす東洋的身心論

これは海面下とでもいうべき世界であり、いわば、目に見えない心身の相関性の開発によって先の「双手剣の理」「三世代性文化」を基底的に支えてきている世界である。

日本文化の際立つ特異性として、つねに異質のものを吸収しつつ、しかもなお、そこに独自のものを育て上げていくという〈受容・変容・創造〉という醸成的特性が認められる。それはまさに、〈仏教―道教―儒教〉という中国の三教を文明的基準としながら、それぞれの〈術を媒介として道の工夫をする〉芸道文化を長期にわたって醸成してきたことによく示されている。

「芸道文化」は仏道の悟り世界を自己の肉体のもっとも合理的な在り方に引き寄せる営みを自己の心身が「どう在るか」ではなくて「どう成るか」として探求することによって形成されてきている。

今後、「芸道文化」の精華をどうすくい上げるかは極めて重要な課題であるが、その根幹をなすものがこの「東洋的心身論」であることは論をまたないことであろう。一般的に禅では「調身→調息→調心」の修行プロセスが示される。「わざとこころ」の「事理一致」をめざす近世武道論の理論的原点はここにある。やがては老荘思想が取り込まれ〈技→気→心→無心→自然〉（註1）の修行過程が示されてくる。

こうして武の世界にあって心と体をつなぐ「気の妙用」の世界が開示され、「呼吸法」が剣術修行の「気」の鍛練法として位置付けられてくるのである。近い将来、国際普及が進展し、国や民族を超えてこの海面下の世界に突き当たり、その重要性が認識されてくるに違いない。

以上ここでは詳細は省略したが、剣道という運動に固有の時間・空間、その〈対人的、運動的技術性〉の再確認（「双手剣の理」）、「三世代性文化」としての社会文化現象の意義、これら二つの基底的存在ともいえる「東洋的心身論」、この三点セットが剣道国際化における文化と競技のバランスシートをめぐる基本的スタンスではないかとの提言をしておきたい。

大韓剣道会の国際化論と剣道の特殊的本質性

月刊『剣道時代』二〇〇二年六・七月合併号に掲載された大韓剣道会専務理事である徐丙鈗氏の特別寄稿を興味深く拝見した。その一つは、現在八十以上もの類似剣術団体を統合してつくられている「韓国剣道連盟」が中心となって昨年十月に設立した「世界剣道連盟」の趣旨と動向がよく理解できたこと、二つは、その「韓国剣道連盟」なるものの組織上の問題点を指摘しながら、一九五三年以来の「大韓剣道会」の地道で発展的な活動が報告されていること、三つ目は「国際剣道連盟」傘下のこの「大韓剣道会」のめざす国際化の方向性が提示されていることである。

とくに国際化論のなかでオリンピック正式種目化の立場が鮮明であり、IKF組織とその運営に関する問題点が指摘されている。このIKFの組織上の問題点と改善に関しては加盟国の間で今後論議を呼ぶことになるであろう。

しかしながらオリンピック正式種目化の立場に関しては、嘉納柔道の「オリンピック競技のなかに加わるという議がすすめば、自分は敢えて反対しない。〔中略〕みずから求めてオリンピックの仲間に加わることを欲しない。〔中略〕オリンピックのなかに柔道を入れるということよりは、柔道に基いた世界的組織を見ることに心を向けている」（註２）という立場と軌を同じくするＩＫＦの路線を共有しながらも、「せっかち普及型」と「じっくり普及型」という根本的な違いを痛感する。一つは、剣道という文化の競技化に対するスタンスの違い、二つは、近代競技スポーツの象徴としてのオリンピックムーブメントに巣作る商業と勝利の至上主義、この大敵に対する認識の違いである。重複を避けたいと思うが、大韓剣道会も指摘するあまりにも「日本的」ということに対する濾過装置として先の三点セットを作用させ、より普遍的な世界の競技文化剣道の発展を期待したいものである。

ひふみのこと

歓迎の言葉

第十回世界剣道選手権大会より

本日、剣道発祥の地、日本において第十回世界剣道選手権大会がかくも盛大に挙行されることは、大会実行委員会にとり、この上もない喜びとするところです。心から皆様を歓迎するとともに、本大会での御健闘をお祈り致します。

さて繁栄と激動のなか、二十世紀も残りわずかとなり、まさに二十一世紀の足音が間近に迫って参りました。この二十世紀は、私たちに大変な豊かさと便利さをもたらし、これまでの人類の歴史の百万年分以上の変化を短期間にひきおこしてきたとも言われております。この間、地球の上では世界の一体化が進行しつつも、いまなお貧富の格差や異文化間の摩擦が依然として存在するという現象が見られます。いまこそ人類はもてる英知を傾け、希望ある新しい時代を創り出していかなければなりません。

幸い日本の文化として生みだされた剣道は、多くのスポーツにみられる競技観とは一線を画した形で成長を続け、国際的にさらに醸成、洗練された結果、今日このように世界の人々から愛好されるようになりました。また、剣道はそれぞれの土壌のなかで、人種、国境、世代間の枠を超え、「稽古」を通じて多くの人々に勇気と潤いを与える生活文化として受け入れられています。こうした民族を超えての文化の理解は一日にしてなるような容易なものではありません。今日に至るさまざまな方々の不断の対話と交流の積み重ねによって、初めてもたらされてきたのです。私たちはこの機会にあらためて、先人たちによって伝えられた剣道の意味を再確認し、次の世代に剣道のどのような内容を伝え残していくかを問い続けたいと思います。

このような過程を積み重ねて出来上がった世界剣道選手権大会がすでに十回目の区切りをむかえ、本日ここに日本の古都、京都で開催されることは、全世界に拡がる剣道愛好の士すべての誇りであり、喜びとするところでありましょう。この大会期間中、選手諸君が日頃の心と技の精華を披露して、正々堂々と競い合い、友好の輪をより拡げて、更なる相互の理解と信頼を育まれんことを切に祈念致します。

一九九七年三月二十七日

第十回世界剣道選手権大会実行委員会

【引用文献】

註1　湯浅晃『武道伝書を読む』日本武道館（2001）
註2　嘉納先生伝記編纂会『嘉納治五郎』講道館（1964）

第五章　型文化の崩壊とこれからの日本

「わざ」の修得は「型」の模倣を繰り返しながら自らの「型」にはめ込んでいき、自らの身体を解いていく営みである（平成14年、第25回日本古武道演武大会より）

日本文化のたどってきた道のり

日本の文化を特徴づけるものとして、一つは日本列島がユーラシア大陸の東辺に海を隔てて位置する「辺境文化」としての地理的・歴史的条件の特異性が挙げられる。外来の文化の摂取の仕方に「みずからを外に開いて外来文化をそのままナイーヴに受け入れる時期と、外と遮断して、それまで受け入れたものを内部的に消化していく時期と、この二つの時期のかなりの截然とした交互発現が歴史的に見られる」（註1）というものである。

二つには、雑種の「混合文化」という特異性である。つまり「ミックスとコンビネーションを積み重ねていくのがアジアの文化の本質」（註2）であることをより際立たせるのである。これは、大陸より次々と打ち寄せてくる文化の波を咀嚼（そしゃく）しながら受け入れ、取捨選択と交配を繰り返し、つねに新しい自己の文化を築いてきているというもので、文化変容をも醸成していくしなやかで柔軟なたくましさを持っている。

さらに三つ目には、これら二つの帰属的規範ともいえる「型文化」としての特異性である。これは反面、上記の二つの文化性がもたらしたものであると同時に、東アジア文化圏に属しながら何千年もの間に内面化、土着化されてきたものである。他の国々では「慣習」にとどまる事柄も、日本においてはすべての行動が「仕方」として様式化され、型化されることによって「現実感覚を持った人間として存在する『基本』」（註3）としてとらえられてきたということである。

いずれにしても、度重なる内部消化の時期にそれぞれの文化の枠を型として抽出し、以前のものと突き合わせながら咀嚼・合成させ、より洗練・豊富化させてきたものと言えよう。

つまり、日本人はこれまでの歴史的過程にあってつねに、中国、西欧（アメリカをふくむ）文化を文明的基準としながらも、ある一定の時間的・空間的隔たりを保持しつつ、雑種の混合文化としての型文化を整然と醸成し続けてきたのであった。

1　日本人をつくった「型文化」

ボイエ・ディメンテは、その著書『「型」日本の秘密兵器』において「『日本の流儀』とほかの国の慣習との大きな違いは、日本人がすべてを『型』化した点である」として、日本人を日本人たらしめている「型」について多角的かつ深層的に論述を展開している（註4）。

こうした物事をすべて組織化し形式化する日本人の性向がどのようにしてはじまり、何がそうさせてきたのか、地理的にも隔絶した坩堝（るつぼ）のなかで、さまざまな要因が複雑にからみ合い、長い年月をかけて醸成、鋳型められてきたものと考えられる。

「日本の封建時代が終焉をむかえた一八六八年の時点では、あらゆる技能や行動を『型』化する習慣が日本人の生活のほぼすべてにわたって浸透していた」（註4）ことを指摘する。

そして近代国家建設にあたって、一般庶民の教育が「何世紀にもわたって『型』化されてきた生活上の技術を言葉と行動の両面ですべてマスターすることに加え、何千という漢字をマスターするための厳しい訓練を受けなければならなくなった」（註4）として、この漢字習得の過程が日本人の肉体と感性と精神を形づくる鋳型となった意義を強調する。

そして家内工業経済から工業国家への変身は日本文化の「型」というフィルターを通して行なわれることによって、日本は近代化されたが、西欧化されなかったと言及している。

だが、この急ピッチでの近代国家建設は、その文明的基準を中国から西欧の合理主義と民主主義に切り換えてのスタートであった。「もう一つのヨーロッパ」（註1）と言われるような、しなやかな柔軟性を発揮し、いわゆる日本的流儀なるものを保持した形での一定の東西文化の融合共存を達成し得たかに見えたが、二十世紀、とくにその後半にあっては、風光明媚な山岳、森林、河川、海洋列島である日本列島にも改造、破壊、汚染の手が容赦なく伸びていった。同時に都市化と過疎化の二局化が進行し、家族構成は三世代同居から核家族化が主流となった。

その結果、国民の生活基盤と様式は急変し、「生活と仕事の分離、さらには学校で学ぶ事柄と生活の乖離（かいり）」（註3）が顕著となり、日本的流儀としての「型喪失の時代」をむかえているのも事実である。

2　新しい文化モデルの形成

二十世紀も最終コーナーに差し掛かったとき、人類史上未曾有の科学・技術文明の発展の一翼をにない、高度経済成長をも成しとげ、モノとカネが豊かで便利な富める国日本に酔いしれた。それもつかの間、夢覚めてつぶさに脚下を照顧してみれば、「ある一定の時間的・空間的隔たりを保持しながら」という、日本人がもっとも大切にしてきた「間取り」を忘却して、猛スピードでの回転フル操業をしてきたことに気づく。

「いまわれわれが直面しているさらに大きな問題は、ある時期まで日本の知識人たちが絶対的モデルとしたアメリカをふくめた西欧文化それ自体が、必ずしも絶対の基準ではなくなったということである。しかしそのことは単純な国粋文化への復帰ということを意味しない。われわれの置かれた状況は、自分の国の文化の型を見失うとともに、モデルとした西欧文化も絶対的なモデルではなくなって、みずからの文化の型を創造的に発見し、さらには形成せねばならないというかつてない課題をかかえているということではなかろうか」（註5）という提言は極めて重要な意味を持っている。

「型文化の崩壊」が深刻化している今日の日本社会にあって、改めて「日本人とは」「日本文化とは」なにかが問われ、次に来たるべき文明的基準となるものはなにか、それをどこにどのように求めるのかという課題の前に立てると言えよう。

求められる地球規模の文明基準

中国、西欧（アメリカ）といった特定の国を文明的基準とする時代は終った。この間、インターネットや電子メールなどのコンピューター・ネットワークが急激な勢いで地球上に張り巡らされ、地球がしだいに小さな存在として実感されるような情報化社会の時代をむかえている。

科学・技術の発展も著しく、宇宙の生成とその時間、空間というマクロな世界から地球上のすべての生命体の遺伝子を解読し、それが皆同じであるというミクロな世界にまたがって驚くほど膨大な知見がもたらされている。また、こうしたなかで数年前、NHKの『地球大紀行』のスタッフが世界の科学者三百名以上に対して「地球はあとどれくらいもつだろうか」と尋ねたとき、その答えのほとんどが「二十五年以内」であったというショッキングな報告もある。

1　人間中心主義の限界

人間中心主義の興味、関心（人知—知識として理解できる）にとどまっていたのでは人類は滅亡する。それは、感性（智恵—わかる）に深められ、霊性（魂—できる）にまで到達しなければ人類は救われない。時代をさかのぼることおおよそ一万年を境にして農耕が始まり、フロー依存型の農業文明を形成していく。当初そこでは地球システムが主役であり、その上に生物圏や人間圏が形成されていったが、やがては人類による生命や地球の環境に手を加える行為が繰り返され、科学・技術の発達によって地球環境の改善、改造が加速化され、ストック依存型の工業文明が形成されてくる。今日に至っては、この人間中心主義とでもいおうか、人間にとっての便利で都合の良さのみを追求する行為によって地球資源の枯渇をはじめ自然破壊や汚染は増幅され深刻な事態をむかえている。

地球温暖化、酸性雨、オゾン層の破壊、森林破壊等々枚挙にいとまがない各種公害を撒き散らし、あたかも地球上の生きとし生けるものの生態系と連鎖して生かされ生きている人間存在の根幹すら忘却してしまっているかの状況にある。

2　自然こそ不変の価値。人間もその一部にすぎない

自然農法家で知られる福岡正信は百姓の仕事を「事に仕える、自然に仕える、神に仕える」こととしてとらえ、「すべての遺伝子が同じであるということは、すべての生物は他人ではなく、同胞で自然は一体の団結体である」（註6）という。そして人間中心主義の分別知の放棄を諭し、大自然の志を生かす無分別の智へ立ち還ることを提唱する。

最近では「霊的健康」というものが重要視されていることを前に記したが、これも人間中心主義的枠組み〈個人―社会〉から「自然は一体の団結体」的枠組み〈生かされ生きる〉への転換を示唆する

ものである。

「百五十億年から二百億年という広大無辺のときの流れのなかで、宇宙は地球を生み出すべき必然性を持ち、地球は人間を生み出すべき必然性に満ちていた。だが、人間はそれほどの地球を滅ぼし、宇宙を無に帰することに何の危惧も抱いていないのだろうか」と、NHK『地球大紀行』の企画もふくめ、諮問委員の一人として貢献した松井孝典氏は詰問する（註7）。

一九八九年の春から使われている小学校の国語の教科書に、故司馬遼太郎の「二十一世紀に生きる君たちへ」という一文がある。このなかで氏は「昔もいまも、未来においても変わらないことがある。それは自然であり、この自然こそ『不変の価値』であり、人間もこの一部にすぎないものである」として二十世紀の科学が人々の前に披瀝して見せた自然界の知見によって、この間の「人間こそ、いちばんえらい存在だ」という思いあがりから目覚めてほしい、そして「人間は、自分で生きているのではなく、大きな存在によって生かされている」ことに気づき、二十一世紀にはもっともっと発達するであろう科学・技術の波に呑み込まれてしまわない人間としての生き方を築いていってほしいことが切々と綴られている（註8）。

事態は緊急を要しながらも人類はみずからの存在と行く末を冷静かつ真剣に考えるべきときをむかえている。その〈地球文明〉とでもいうべき基準がいま求められていると言えるであろう。

剣術に見る型文化の形成

剣道史をひもとくと、戦国の時代以前にも剣の名手がいなかったわけではない。ただ彼らは後世の流祖、流派のように刀を用いる「型」を創案してこれを人に伝授するために道場を開き、剣術を教えることで生活の途を得る時代に居合わせなかったということである。彼らの剣技は人に習ったものでもなく、実戦を通してみずから会得したもので、その多くは他人に教えるような形態にまで体系づけられていなかったにすぎない。

しかし、剣術は鎌倉時代に萌芽し、室町時代に入る頃までには大ざっぱな刺撃の型のいくつかが出来上がり、教習されていたようである。室町時代には流派も相継ぐようになり、しだいに型の淵源とも言えるような一応の形式が整えられていく。いわゆる平法（兵法）の理法は打太刀と仕太刀が二人相対し、相手に打ち勝つ攻防動作とともに工夫されていったのである。

1　「型」の洗練化と武芸化の定着

十八世紀末頃までの長い歳月をかけて「型」は整理・洗練化され「型を通して技を学ぶ」という武芸化が定着していくこととなる。しかしながらこの間にあってさえも、十八世紀の初めには天下は泰平をむかえ、「型稽古」も華法化に傾き、「竹刀打ち込み稽古法」の開発と台頭に押されて大変な低迷期を経験することとなる。こうして十九世紀に入り興武の期の到来とともに、「型稽古」と「竹刀打ち込み稽古」とを車の両輪とする芸道文化としての醸成がはかられていったのである。

これまでの日本を中心とする東洋の精神史や文化史にあって、中国の古代思想である三教（仏・儒・道）の占める位置は極めて大きいものがある。そのなかにあっても仏教の「修行論」が日本文化史に大きな影響を与えたことは誰もが知るところである。平安時代の末期の頃より、芸術の領域に取り入れられはじめ、鎌倉・室町の時代には和歌、能楽、茶道等々の芸道文化が萌芽し、いわゆる「修行・稽古論」としての「芸道論」が形成されていく。

これが戦国時代から江戸時代の初期の頃にかけて武術の領域にも浸透し、武術の芸道化が推進され、いわゆる「武道論」が形成されてくる。

とくにこの武術の武芸化における「型」の意義は大きく、武士階級による治政七百余年における生活全般にわたる「日本的流儀」としての「型」の象徴的存在となっていった。

2　無主風から有主風へ

近世という約三百年間にわたって流祖諸師が体系化していった「剣法書」に見られる「型」論について俯瞰（ふかん）的な立場から要約的にまとめておきたい。

近世の剣術における「型を通して技を学ぶ」という武芸化の系譜は、柳生宗矩の『兵法家伝書』以降、流派間にあっては「技法論」と「心法論」との往還にありながら、総じて〈心・技・体〉の関係をめぐって展開していったと見ることができる。芸道文化としての武芸の特異性は、それが単に「武技」の追求にとどまらずに「心法」の世界を開明していったことにある。

おおよそ稽古・修行の過程は、まずは身体を先立てての技（型）の修錬（模倣）から入る。そして「型」の模倣を繰り返しながらみずからの身体を「型」にはめ込んでいき、みずからの身体を解いていく。換言すれば物まね（無主風）は粗形態から精形態へ、さらには「形」のハビトス化（※1）としての「型」化（有主風）へと導かれていくこととなる。

技を媒介としながらみずからの身体を躾つつ、ひもといていく行為（体認・体得・体悟）であり、みずからの身体そのものに備わっている本来の動き（本體）に目覚め、それを活用していこうとするものである。

嘉納治五郎はこのことを「本體は體の事理なり」と受け止め、近代柔道において継承・発展させていこうとしたのである。身体と技の相即性が高まってくるとしだいに心気作用をともなうようになり、より深層的なレベルでの身心の相関性が開発されてくる。その歩みに刻まれた振幅巾（しんぷくはば）は、技の修錬を最優先する立場から、技と意識的次元の心との相関性を重視する立場へ、さらに技を無意識的次元でつかう立場にまで増幅されている。

3　わざの修得過程が欠落、解体した「無為の兵法」

勝つための詭道を説く他流派の剣法を「畜生兵法」として排斥した針ヶ谷夕雲の「無住心剣術」は「相抜け」を達成した「心法論」の極となった流派である。「無為の兵法」とか「鋳型なく手離れのしたる兵法」と異名をとり、「有心」の心法から「無心」の心法にまで昇りつめた剣道史上稀有な足蹟を残している。

こうして「術（芸）を媒介として道（自然）の工夫をする」として「技よりすすんで道に至る」という技の哲学（心・技・体）が醸成されていったのである。

別の言い方をすれば「肉体のなんらかの行為を通じて高い生命に与ろうとする日本の道は、高い真理の世界を肉体のもっとも合理的な持ち方のなかにさながらに反映せしめる」（註9）という「東洋的心身論」として〈心・技・体〉のよりよい相関性が開発されていったのであった。

ここで我々はいま一度〈身→技→有心→無心→自然〉という稽古・修行の流れと過程の意味を再確認しておかなければならない。例えば、夕雲自身はまさに「型より入」（守）り、心技体交錯の厳しい修錬を積み重ねた末に「型より出」（破・離）て、「鋳型なく手離れのしたる兵法」を開眼していったのである。

この流派が三代目で解体せざるを得なかったのは、弟子達にとっては「型通り」にという〈わざ〉

の修得過程が欠落してしまっていたことに起因すると見なければならないであろう。

つまり、この文化を継承し、創造していく人間的営み（人為）が「無為自然」という基準のもとに開発されていったという歴史的な意味が何かということが問われているのである。

型文化がめざしたものとはなにか

激動と転換の時代をふくめて、これまでの日本という国は、言ってみれば「日本的流儀」という広義な型の世界と、その典型的極みである芸道という狭義な型の世界との相互乗り入れによって、この国のかたちというものを維持し発展させてきたのではなかったか。それは危なかしくも、したたかに、かつ細心に。

1　「型なし」が壊した日本の伝統

今日の深刻さとは「勝負の世界、技芸の世界を侵食する『型なし』が現状の私たちの生活文化それ自体を侵蝕しつつある点にこそある」（註10）と手厳しいのは少年時代を高野佐三郎道場の門下生として過ごした伝統芸能通の思想家安田武である。彼はこの「型なし」の背景にある「芸道文化」を裏で支える職人世界の連綿とした組織的きずなの崩壊や、用・道具の原材料そのものの生産が日本という国から消えていってしまった厳しい現実を見据える。

みずからの糖尿との闘病体験を元にジャーナリストとしての鋭い観察力と感性で日本社会が「糖尿列島」化してきていると警鐘を打ち鳴らす鴨志田恵一氏もまた現役の剣道愛好家である。

「ニッポン列島の血糖値は異常に高くなって、尿糖として流され、さらに蛋白質、脂肪までが分解して体外に出ているところではないか。体はこれからげっそり痩せ、やたら狂ったように飲み食うようになり、さらに流れ出しは絶え間なくなる」（註11）と見立てたのは十年ほど前のことである。してみれば、後段が現在の日本列島ということであろうか。

2　人為不自然・人為自然・無為自然

さて、結論を急ぎたい。型文化としての芸道文化が醸成し、めざしたものは一体何であったのであろうか、これを〈人為不自然―人為自然―無為自然〉というカテゴリーで要約してみたい。

ともすれば「形式主義」という野暮な物まね世界に埋没してしまいそうな危険性にさらされながらも、「人為」が一定の自然を獲得していきながら、しだいに不自然から自然に至る道程を確かなものとしていく。こうした意識作用による技使いも洗練・深化の道程を重ねることによって無意識的次元での技使いへと飛躍する。その型離れの典型を針ヶ谷夕雲の「無住心剣術」に見た。

「肉や手足が尿のなかに溶け出す」糖尿の病状の進行に似て日本の社会全体が「型なし」の溶解現象

にあえいでいる。今日の科学・技術文明は芸道文化における「人為自然」すらいまだ達成しえないのである。このままでは地球の終焉は時間の問題である。

いま、この科学・技術文明を「日本的流儀」としての型文化修復の文明的基準としてどのように受け止め直していくのかが、まさに問われているのではないだろうか。芸道文化では「無為自然」に至る通過点であった「人為自然」という内容を地球における生きとし生きるものの生活全体を見据えながらどのように達成していくか。このことと、どう真剣に向かい合うかが今日の科学・技術の緊急の課題であることは間違いない。

人類には、いま住んでいる地球を美しく、すばらしい水惑星として維持し続けるという絶対的な使命がある。このことに努めることを前提として地球脱出をもふくめた今後の宇宙開発は求められている。宇宙は空という字が示すように八方に広がって「無為なる自然」として生成され、工(つく)られてきた。人間の一人ひとりがこの宇宙の一惑星であるみずからの存在を宇宙に対して無条件で開示し続けていく生命体として生きていくことが求められている。

【引用文献】

註1　梅棹忠夫・多田道太郎『日本文化の構造』講談社現代新書（1972）
註2　福永光司・五木寛之『混沌からの出発』致知出版社（1997）
註3　生田久美子『「わざ」から知る』東京大学出版会（1987）
註4　ボイエ・ディメンテ著・田附正夫訳『「型」日本の秘密兵器』HBJ出版局（1991）
註5　源了圓『型』創文社（1989）
註6　月刊『黙』2002年7月号「特集・大地の生命力」MOKU出版
註7　松井孝典『地球・宇宙・そして人間』徳間書店（1987）
註8　現代作家研究会編『司馬遼太郎読本』徳間書店（1996）
註9　佐藤通次『この道（調和の哲学）』元々社（1955）
註10　安田武『型の日本文化』朝日新聞社（1984）
註11　鴨志田恵一『糖尿列島』情報センター出版局（1991）

※1
モースは「ハビトス」を無意識な動作の連続としての「習慣」とは異なる、学習者の社会的かつ理性的な動きを前提とした身体技法としてとらえたといってよいであろう。彼は「習慣」とは異なる

「ハビトス」という概念を用いることによって、人間の示す身体運動を解剖学的、生理学的な観点を超えて、心理学的、社会学的な考察をすることの必要性を指摘している。人間の示す身体運動から「精神とその反復能力」のみを見出すのではなく、「技法と集合的個人的な実践理性」を見出すことの必要性を主張するのである。（『「わざ」から知る』より引用）

第六章　日本剣道形の学び方

講習会用の三本の形が「大日本帝国剣道形」となる

武術の武芸化を象徴する流派剣術は、「型剣術」として「竹刀打ち込み稽古法」を内包させ、近世における「芸道文化」として発展していった。幕末にはその数、実に五百余流にも及んだと言われている。幕藩体制から近代国家体制へと時代は移り、武道は大変な低迷期をむかえるが、大日本武徳会は日清戦争後の「尚武の気風」の昂騰(こうとう)する明治二十八年に結成された。

武術の保存・復興と学校への正科採用を目標に掲げ、当初は「伝統的な家元集団の親睦団体」(註1)的役割を遂行していく。しかし十年後、もう一つの大戦である日露戦争以後はしだいに実質的な影響力を発揮しはじめる。その手はじめに実施されたのが、明治三十八年の武術教員養成所の開設であり、翌三十九年の武徳会の「剣道形」(天・地・人の形)制定であった。やがて正科編入の請願運動が実を結び、明治四十四年七月三十一日には「中学校令施行規則」の一部改正によって、中学校での正科教材に「撃剣及柔術」がはじめて加えられることとなった。

これにともなって文部省は同年の十一月六日から五週間にわたって東京高等師範学校に全国の中学校の撃剣と柔術教師を召集し、指導法や教授内容の統一をはかる武術講習会を開催した。驚くことに、この講習会は大正末期の正規の教員養成学校の設立に至るまで毎年、精力的に継続されていくこととなる。

講習会の最高責任者であり、東京高等師範学校校長でもあった嘉納治五郎は先の武徳会制定の剣道形は中学校に採用する形としてふさわしくないとしてあらたに講習会独自の形を制定することを指示する。こうして三本の講習会用の形が制定され、これがそのままそっくり大正元年武徳会制定の「大日本帝国剣道形」（以下、日本剣道形）の前段を飾ることとなるのである。

日本剣道形に期待された二つの役割

日本剣道形は、一つは流派性統合の象徴としての役割、二つには竹刀打ち剣道からくる「手の内」の乱れや「体」の崩れ、あるいは「刃筋」を無視した打突を矯正するための補助教材としての役割が期待されていたと言われる。

前者については、小野派一刀流、柳生新陰流両派が将軍家の師範となったとき、特徴ある流派が二百六十余流あったという。そのなかでもっとも特徴ある構え、太刀筋、太刀使いの技が五十六本あるとして、これに打ち勝つ方法を組太刀として考案されたと言われている。

このことと、各流派の思想性、さらには技術や心法的特異性などを考え合わせるとき、各流派の型の粋を集約したものという表現は、まったく不適確と言うほかはない。あくまでも、この日本剣道形を広く普及させるための方便であったか、もしくは竹刀打ち剣道を奨励普及させるために流派性統合の象徴という表現とせざるをえなかったことが容易に想像される。

その意味で、日本剣道形は後者の竹刀剣道を補佐するものとしての役割が大きかったと言わざるをえないであろう。高野佐三郎の『剣道』のなかには、基本動作の習熟に適宜形を交えて教授することを示唆する箇所があり、補助教材としての意義をうかがうことができる。

同時に「此の形は僅に十本に過ぎざれども之を活用すれば何本にも応用するを得可し。実際の仕合に応用し得るを主眼としてこれを制定せり」（註2）ともある。

第三章で、「型稽古」と「竹刀打ち込み稽古」を車の両輪とする芸道文化としての長期醸成がはかられていったことに触れた。少なくとも日本剣道形四本目は「古流の形残し」と言われるが、その他の形に関しては、時代とともにその内容が移り変わってきた「竹刀打ち込み稽古法」との相関性を考慮しての構成と内容であると言えるであろう。

技法的に見てみると、例えば突きは防具の喉の部位に限定しないで相手の正中線（胸、水月）を攻撃目標としているものの、面、小手、胴という攻撃目標は防具の打突部位と同じである。

また「抜き」「摺り上げ」「入れ突き（萎やし）」「押さえ」「巻き返し」「折敷」「受け流し」「摺り落とし」「摺り流し」「摺り込み」といった太刀捌き、体捌きに加えて、気当たり、構えと間合の攻防、中間の緊迫場面の設定、残心の大事等々盛り沢山であり、その制定過程の難行の様子のほどがうかがえよう。

古流剣術の象徴としての日本剣道形と竹刀剣道の型化

さて、制定後九十年の歳月を経た今日の「日本剣道形」の普及・定着状況は必ずしも好ましいものではない。否、むしろ全般的には昇段審査の後付け的存在であり、形骸化の謗り（そし）を免れないところである。

ここで改めて古流の形剣術〈継承〉の象徴としての「日本剣道形」の意義と、あらたなる「型文化」として登場してきた竹刀剣道の「技の体系と技術化」という〈創造〉の意味を要約しておきたい。

1　剣道史の〈守・破・離〉三段階論

「守・破・離」という教えは、江戸の中期、江戸千家の宗匠川上不白が使った言葉として知られているが、今日では広く芸道や武道の世界における修錬の段階を表わす言葉として定着してきている。

まさしく俯瞰（ふかん）的に観れば個人の技芸はこの「守・破・離」の三段階を経て完成されていくものの、現実的にはこの三つの段階それぞれのなかで、さらに小さな「守・破・離」が交錯しながら、修錬は進展していくのである。

その全過程を通じて「創造なき継承は形骸化をもたらし、継承なき創造は稚拙の域を出ない」ものとして葛藤の渦巻きのなかにあると言っても過言ではない。この「守・破・離」論を剣道史に当てはめて見るとおもしろい。

古流各流派の型剣術の時代を「守」、江戸中期以降、大正元年にこの流派性の統合の象徴としての「日本剣道形」が制定されるまでの型剣術と竹刀・防具剣術との相即・相克の時代を「破」、それ以後の竹刀剣道が主役となり今日に至るまでを「離」と置き換えてみると観えてくるものがある。

それは、流派剣術における「型の修錬」は、今日の竹刀剣道の「技の稽古」であるということであり、流派性の統合の象徴としての「日本剣道形」は、改めて言うまでもなく、この両者を継ぐ結節点ともいうべき役割を持つものである。

その意味で、各流派を特徴づける「哲理」や「術理」が抜け落ちてしまっている「日本剣道形」では飽き足らないとして、古流へと回帰することは単なる復古主義として片付けてしまえる問題ではない。むしろそれは子（竹刀剣道）が親（日本剣道形）を介して祖父母（流派剣術）に想いをなし、みずからのルーツを探求しようとする行為として観ることのほうが自然であろう。

いずれにしても、この「守・破・離」を「三世代性」という視点から剣道史をとらえ直してみることによって現代の竹刀剣道の意味を再認識していくことは大切である。

2　初心者にもメリハリのある剣道形が打てる

竹刀剣道と「日本剣道形」との相即性がわかり、「形」のおもしろさと妙を得るのはかなり高段者になってからというのが定説である。確かにその通りであろう。

しかし分節的でなく、対人的・運動的・技術的トータル性を持つ「形」を剣道の初心者指導の段階からもっとしっかりと位置付けることができないものであろうか。今日の「形」の普及、定着状況の悪さはまさにこの一点にあると言っても過言ではない。

つまり初心者ではあっても「形」に親しみ、「形」を打つことのおもしろさに触れ、いきいきとしてメリハリのある、リアリティーあふれる「形」が打てないものであろうか。いままさにその指導法が希求されているのであり、「日本剣道形」の意義はここからひもとかれなければならないと言えよう。

初心者に対する「日本剣道形」指導の必要性は、それが単に刀法と竹刀操作や技法との結節点的内容を盛っているということに止まらない。むしろ青少年の「形」演武が昇段審査のための生気のない約束事と化してしまっているからこそ必要なのである。

本当に子供達はかわいそうという他はなく、「形」という形象の意味の理解ができないまま放置されていると言っても過言ではない。意味の理解は、その形象化のプロセスの具体的解析を前提としたうえではじめて可能となる。

その意味からも、まずリアリティーの回復をはかることから始められなければならない。つまり打太刀が「機を見て」打ち込んでいく必然性をどう見出し、それをどのように設定していくかという場面設定が極めて重要となる。これまでの形指導がどのような学習者に対しても、見境なく完成型を要求しすぎてはいなかったか。また、まったくその逆で無味乾燥な形骸化されたやり方的レベルに甘んじてきていたのではないか。そのことを反省してみる必要があるであろう。

「形」の持つ様式に注目をし、そのなかで両者の合気状況を向上させる工夫が施され、「機を見て」のリアリティーをひもとき、形が生き生きとしていく要所をおさえ、細かいところには目をつぶって、まずは「形」が好きになることによって、剣道や人間（ミクロコスモス）、さらには大自然（マクロコスモス）への豊かなイメージ創りをも試行していくものとならなければいけないのではないか。

初心者を「守・破・離」の「守」の前段から「守」へ導く「日本剣道形」指導の方法が欠落しているわけで、その深刻さが指摘されよう。幼少年用のあらたな剣道形制定が検討されているようであるが、この「日本剣道形」に夢中にさせる指導法が、まずは開発されていってこそ新形制定の意義が浮かび上がってくるものと考えられる。

3　剣道形は「集中」と「自己浄化」をもたらす

「形」の持つ様式に注目してみたい。二人が約九歩の間に対峙し、乾坤只一人の充実体（不敗の位）

として構える（「人間の間」と呼んでおく）。この充実体を持ち運んで「触刃」から「交刃」へと「斬突攻防の間」に入る。そして攻防終了後にはまた九歩の間に戻る。

この「人間の間」と「斬突攻防の間」とを繰り返し、いったりきたりするという様式の意味と機能に着眼しなければいけない。両者を「深い集中」に導き、「自己浄化」の作用を発揮させる働きを持っている。また「形」は独り稽古の対象でもある。

少林寺での僧侶の修行に静禅（坐禅）と動禅（拳法）とが存在した事実は、白隠禅師の「動中の工夫の静中に勝ること百千億倍」という断言と符合して、「動静一如」を実現しやすいことを物語っている。つまり「形」の様式から導かれる「集中」と「浄化作用」と較べて、現代剣道はつねに「触刃」と「交刃」を中核とする構えと間合の攻防と打突攻防の連続にあり、その方法を一歩踏み誤れば「動き」が「崩れ」となり、忙しい相対すり減り剣道に陥ってしまう危険性をはらんでいる。「日本剣道形」の意義は、ここを糺（ただ）すことにあると言っても過言ではない。

4　竹刀剣道があらたなる型文化を創造する

第三章で記したように、千葉周作の竹刀防具剣術における技の体系と技術化は「剣術六十八手」として結実し、高野佐三郎によって大正期の教育剣道用に「手法五十種」に精選されていった。この打突部位別の技の体系化は、昭和期の第二次世界大戦後に対応の仕方による体系化へと組み替えられ、さまざまな取捨選択を経ながら今日に至っている。

　これらの経緯や具体的内容については中村民雄等の一連の技術史研究に詳しいので省略するが、ここでは高野の著書『剣道』の竹刀剣道にみられるあらたなる型文化性についてとらえておきたい。目次構成は第一編が「教習」であり、学校教材としての目的および団体教授法とその教習内容が説明され、「基本動作」のなかに「各種礼法や所作、構え方、足の踏み方、運び方、目付け」などをはじめ、「基礎の打ち方」「応用の打ち方」「連関動作」「形」が盛られている。

　第二編は「術理」であり、さらなる「上達法」と「勝負法」が盛られている。前段では、「技術の基礎」としてその構成要素の解説が、さらに「技術の活用」として「手法五十種」とその使い方が解説されている。後段では「仕合」「勝敗」「至理」と枠組みを変えながらその術理が包括的、重層的に解説されている。

　このなかに見られる特徴は団体教授法であり、「一対多」の一斉指導の場面の構成である。教授内容を構成要素に分解し（要素還元主義）、〈単から複へ〉〈易から難へ〉の組み立て方式的な指導展開に一層拍車がかかり、組織的、効率的な方法として画期的なものとなっていった。

　第一編「教習」の「基本動作」の内容と第二編「術理」の「技術の基礎」とをどう重ね合わせてその習得過程を展開させるか、この反復繰り返しによる基礎づくりは今日に至るまで連綿として継続されてきている内容である。

重ねて、切り返し、打ち込み稽古、技稽古の質量の多さをふくめて、この「基本」「基礎」「活用」の反復過程のなかに「こころをこめて繰り返す」形剣術を下敷き、竹刀剣道の型文化としてのあらたなる展開が繰り広げられてきているのである。

剣道形にリアリティーをもたせるための私の実践的指導法

1　「機を見て」とはなにか

日本剣道形の習得過程の第一段階は、外面に表れた可視的な形態の模倣にあり、打太刀のヤー、仕太刀のトーの体捌き・太刀捌き内容の反復繰り返しが中心的内容となる。やがて、打太刀の「機を見て」という打ち出しのリアリティーを〈どうとらえ、どう指導するか〉という疑問に突き当たり、暗礁に乗り上げてしまった。そのうち形の説明というものに目が止まった。そこには左記のように記されており、恥ずかしながらこの「先々の先」と「後の先」ということがまったく理解できない自分があった。

第一本　相上段は先の気位にて互に進先々の先を以て仕太刀勝つの意なり

第二本　相中段は互に先の気位にてすすみ仕太刀先々の先にて勝つの意なり
第三本　相下段は互に先の気位にてすすみ仕太刀先々の先にて勝つの意なり
第四本　陰陽の構にて互にすすみ仕太刀後の先にて勝つの意なり
第五本　上段晴眼互に先の気位にてすすみ仕太刀先々の先にて勝つの意なり
第六本　晴眼下段互に先の気位にてすすみ仕太刀後の先にて勝つの意なり
第七本　相晴眼にて互に先の気位にてすすみ仕太刀後の先にて勝つの意なり
（「大日本帝国剣道形」昭和八年発行）

「古来より剣道では勝つ機を先という言葉で表現している。日本剣道形での先々の先と後の先は勝つ機を二つの場合に限定し、それを具体的に示してその原理を示したものである。

先々の先はよみによる勝機であり、後の先は条件反射による勝機であると考えられる。およそ、攻防スポーツ、とくに、瞬間的に勝敗がきまるスポーツでは、勝機はよみによるか、条件反射（以後、反射という）のどちらかによる外はないと考えられる。もちろん、両者は別々に行なわれるとは限らず、両者の境が接近して両者の区別が明確でない場合もあり、或は、両者が連携して行なわれる場合もあって、その関係はさまざまだが、原理はよみによって行なわれるか、反射的で行なわれるかの要素によるのである。（中略）古来より流派によっては三つの先、或は、五つの先などといって勝機を研

究したのであるが、要約すれば、先々の先と後の先の二つの勝機に限定することが出来よう」（註3）

これに続いて、日本剣道形　一本目（先々の先）と六本目（後の先）の理が説明され、図1のような勝機の説明が補足されている。

この三橋秀三の「先論」の論文に出合うことによってようやく解決の糸口がつかめてきた。しかしながらこれは竹刀剣道における技の使い方にも大いに役立ったものの、学生の形指導に具体的にどう生かすかという難問を抱えることとなる。つまり「理解はできても指導できない」という大きな壁に突き当たってしまったのである。

図1

現象面からの勝機	内容面からの勝機
①しかけ技	よみによる勝機 反射による勝機
②相打ち	よみによる勝機 反射による勝機
③応じ技	よみによる勝機 反射による勝機

2　有形の先（先々の先）の工夫で形にリアリティーがでてきた

そのうち「有形の先々の先と無形の先々の先との二つがある。有形の先々の先とは、我から仕向けて敵の応じ来るとき、確かに之を外すか掠むかして撃つを云ひ。無形の先々の先とは気の先であつて、敵が撃たうとする起こりが現はれると同時に、敵の撃ち来る箇所が、我が胸中に匂ひ来るので、その敵の起こらんとするとき、之を撃つのである。匂ひを以つて匂ひを撃つので匂の先とも云ふ」（註4）という資料に遭遇することで、やっとのことで「形指導の指針」のようなものの枠組みがつかめかけてきた。

この有形（さそう、しむける、打ってこさせる）の先々の先の取り方を工夫することによって初心者指導にあっても、形のリアリティー（機を見て）を高めていくことができること。さらにこれに続く無形化への道程が形の〈守・破・離〉論の具体的内容となることを確信した。

3 「イー、ヤー、ハー、エイ、トウ」五声の導入で元気のポンプアップ

子供ごころに大相撲の繰り返される仕切りを見ながら、「なんでもったいぶってこんなことを何回もやるんだろう、一回で立合えばいいのに」と思ったことが何度かあった。その後に展開するであろう激しいぶつかり合いの取り組みへの期待感を制しきれない自分があった。

いまでこそ、立合の一点に向かって重ねられる仕切りこそが相撲観戦の醍醐味でもあり、力士達の一挙手一投足にその後の展開を予測するみずからの観察眼を楽しんでいる。

その相撲観戦を参考に、青少年の日本剣道形を見たところ、〈人間の間〉と〈斬突攻防の間〉とをいったりきたりするところが、間抜けになって、無味乾燥であることに気づいた。そこで「もしもここのところを変えることができれば、青少年の形が一変するのではないか」という仮説を立てての実践を開始した。

最初に思い立ったのが、古くからの「イー、ヤー、ハー、エイ、トウ」の五声の導入である。「イー、

ヤー、ハー」の長呼気の掛け声でもって構えを〈人間の間〉から〈斬突攻防の間〉に運ぶ。ここでみずからの元気がポンプアップされ、間に接するときの相互の気がぶつかり（気のスパーク）によって合気状況が体験され、ここのところが生き生きとしてメリハリ立ってきた。

さて、いよいよリアリティー（機を見て）の具体化である。仕太刀の間に接するときの構え内容が、「有形の先々の先」（さそう、しむける、打ってこさせる）としてどのように構成されるかという問題である。

長呼気掛け声による有声の初心者指導の形打ちはその場を元気のポンプアップによる「発散系」へと一変させ、リアリティーの具体化としての「有形の先々の先」の位置付けは集中力発揮を導くこととなった。

「様式」をこのように位置付け、繰り返し何本も形を打ち込むことによって集中力は深められ、メリハリ立った発散と相俟って自己浄化作用さえも導き出されてくるようになってくるのである。

「体捌き、太刀捌き」は粗形態であっても、この「形ごころ」が体験できれば、あとは時間の問題である。こうして大勢で打つときには「体育館の屋根が吹っ飛びそうな」と形容できるような元気のポンプアップと静動のメリハリとが流出してくることに驚かされる。これは「守・破・離」論的に言えば、「守」の前段から「守」へと導く過程として位置付けておきたい。

そしてここの段階にあってすら、すでに〈守・破・離〉の原初的内容は見事に旋回しているのである。

4　有形（見える）の先の取り方を学び無形（見えない）の先へとすすむ

高段者の「無形の先々の先」の形打ちを中味抜きで外面だけをまねることの誤ちに気づくことが第一歩である。一歩間違えると、日本剣道形はすべて約束事（機会、部位）という浅い意識のなかでのよみ、予測（これを「よみ」と言えるかどうかは別として）による「先々の先」の遣い方に陥ってしまう危険性を持っている。こうなってしまうと形は生気のない実に退屈なものとなってしまう。

そこで「体捌き、太刀捌き」の精形態を追求しながらも、打太刀の「機を見て」という表現のリアリティーをどう実現していくかが主要な課題となる。それを「様式」のところの無声化によって、さらなる充実をはかりながらどう獲得していくか。また仕太刀の「触刃」から「交刃」への間詰めの構え内容と「先」の取り方の工夫としてどう位置づけるか。合わせて、連続的な構えと間合の攻防、技のつなぎにおける攻勢の持続内容の研鑚も重要となる。「有形の先々の先」の極小化、さらには無形化への道程は初心者指導の「さそう、しむける、打ってこさせる」という有形内容が仕太刀の構えの充実（構えそのものが攻めとなる）によって「気位、気勢、気迫に押されて、たえかねて、やむをえずこれを挫かんとして」といった打太刀の「機を見て」の内容へと変化してゆく。

とにかくリアリティーをどう前付けしながら「体捌き、太刀捌き」の精形態化をはかっていくか、その生き生きとしてメリハリある打ち込みの積み重ねがやがては無形化へと導いていくこととなる。

5　「破」から「離」へ

形の心を込めての繰り返しの打ち込みによって、やがては「型より出ず」段階へとすすんでいく。「匂の先」「未発の発を打つ」「無念無想の打ち」という表現内容は、より深められた身心の相関性から発する技遣いであり、研ぎ澄まされた心気現象の働きによるものである。

それを「構え内容としてどう深めていくか」に集約され、「姿勢」と「呼吸」の問題に帰着することになるであろう。

ひふみのこと

独り稽古の着眼点

我々人間が生存するこの大宇宙は、いまからさかのぼること約百五十億年ほど前の大爆発（ビックバン）によってその始まりを成したと言われている。そしてこの宇宙には太陽系（九十億年の寿命の半分が経過したと言われている）の属す銀河系宇宙のような島宇宙が無数（約千億個）に点在し、まさに想像を絶する広大無辺のひろがり（宇＝空間）と、果てしなく続く無限の時間の流れ（宙＝時間）のなかに秩序（ギリシャ語のＫＯＳＭＯＳ＝宇宙）立って生成しているという。それはまさに、仏教の説く「〝空〟という字が、ウ（宇宙）は、八（八方）に広がって工（つくられて）いる」ということと符合していておもしろい。

ビックバン以来、広がり続けている宇宙が、あるとき突然また収縮を始めるようになるのか、それともとめどなく広がり続けてゆくのか、現代の物理学者達の意見が分かれるところ

である と聞く。

いずれにしてもその時間、空間のきわめて限定的なところに地球の誕生（約数百万年前）があり、地球人たる人間（約二百万年前に誕生）も存在してきている。その意味では我々地球人はこの宇宙的営みのなかで生成され、選択されてきた生命体であり、宇宙人そのもの、宇宙の結晶体としての星（小宇宙）であるとも言いえるであろう。

「無限のなかのこの一点」このはかなくもかけがえのない宇宙的生命体としての我が生命。「露堂々」、この一瞬をより充実したものとする生き方をこそ、我々は「人類の意志」として、それぞれのなかに育まなければならないであろう。

【引用文献】

註1　中村民雄編『史料近代剣道史』島津書房（１９８５）

註2　高野佐三郎『剣道』剣道発行所（１９１５）※島津書房より復刻

註3　三橋秀三「先々の先と後の先についての一考察」武道学研究（１９７５）

註4　太田龍峰『剣道読本』桐生近江屋書房発行（１９３７）

【参考文献】

・井上正孝『日本剣道形の理論と実際』体育とスポーツ出版社（１９９９）

・作道正夫「剣道形はおもしろい！」月刊『剣道日本』１９８９年1～9月号

第七章

「懸待一致」の上達論Ⅰ

剣道技術論―「懸待一致」の上達論

芸道領域における「守・破・離」の三段階論に要約される稽古・修行論は、武道群にあっては、柳生新陰流の「三摩の位―習・稽・工―」などに代表されるような「技」の習得過程として具体的な展開をみる。何といっても各流派にあって稽古の中核を成すものは「技」であり、この「技」の習得を媒介としながら「道」に至る工夫をすることが修行の常道とされる。

今回はこの間の私の指導実践の骨子をなす〈懸待一致〉の上達論を「技術論」の具体的な展開として試みてみたい。

『五輪書』『兵法家伝書』にみる拍子・懸待・虚実・表裏

宮本武蔵の『五輪書』は我が国における近世武芸書を代表するものの一つとしてよく知られるところである。ここでは、〈一対一〉の戦いである「小の兵法」からつねに合戦（「大の兵法」）への展開をメインテーマとして説かれている。真剣勝負という場にあっては、「敵と自分の伎倆には差がない」（技術）ことを大前提として、「敵の条件をいかに悪くしてゆくかの手段と方法」（戦術）について、心理的なかけ引きをもふくめて事細かに説かれている。つまり、技術的内容と戦術的内容とが不可分、未分化の形で混在していると言えるであろう。

1　武蔵が説く「表裏」「懸待」

とくに「火の巻」には、戦いの場に臨んで敵に勝つための技術的、戦術的内容が二十七項目にわたって展開されている。武蔵の時代は今日と違って総合武術性として、戦いの場や手段（武器）や方法も多分に無限定的で多様性を持っている。

この無限定さに対してしだいに制限制約が加えられ、総合性から個別化（専門分化）が進展し、個々の「技法」と「心法」の洗練・深化と理論武装化を進展させていったのが近世武芸であった。これを受けて条件を整備し「競技的空間」への移し変えをはかったのが「競技武道」としての近代化である。さらに実戦空間から虚構空間化を進展させてきた今日の競技剣道にあって、武蔵が展開した戦術的内容が希薄化してきているのもうなずけよう。

武蔵は「拍子」の重要性を強調する。「先づあふ拍子をしつて、ちがふ拍子をわきまへ、大小・遅速の拍子のなかにも、あたる拍子をしり、間の拍子をしり、背（そむ）く拍子をしたること、兵法の専（せん）也。〔中略〕其敵々の拍子をしり、敵のおもひもよらざる拍子をもつて、空の拍子を智恵の拍子より発して勝つ所也」（註1）と冒頭の地の巻にも説かれ、全巻にわたっての表現が特徴的である。そこには「表裏」「懸待」という直接的な表現は見られないものの、二十七項目を子細に精読すると内容的にはしっかりと組み込まれていることがわかる。

その内容を一つには、「技法的な懸待の内容と方法」に関するもの、二つには、「心理的な表裏のかけ方」としての誘導戦術に関するもの、そして三つ目には、膠着(こうちゃく)した戦局からの脱出法としての「転心法」に関するものとしての分類が可能であろう。「場のしだい」と「かどにさわる」の二つの項目に関しては今日的には分類し難いものの、その他の項目は今日でも十分に説得力をもって迫ってくるものばかりである。とくに最後尾の「いわをのみということ」は口伝として説かれているが、二十七項目

図1

①技法的懸待
三つの先といふ事（懸の先、待の先、体々の先）
かげをうごかすといふ事（陰を動かして手の内を見る）
うろめかすといふ事（うろたえさせる）
枕をおさゆるといふ事（気の起こり鼻をおさえ挫く）
かげをおさゆるといふ事（動きの兆しをおさえ挫く）
けいきを知るといふ事（景気・気色の変わりを見る）
くづれを知るといふ事（崩れを見逃さない）
とをこすといふ事（難所《渡》を越える）
まぎるといふ事（敵の懐に紛れ込む）
けんをふむといふ事（敵の打ち出す太刀を踏みつける先の気の大事）
ひしぐといふ事（強気で一気にうちのめす）
そこをぬくといふ事（心底負けた気持ちにさせる）

②心理的表裏
おびやかすといふ事（恐怖心を抱かせ心理的萎縮を狙う）
うつらかすといふ事（気移りさせる）
むかつかするといふ事（怒らせ、心理的硬化を狙う）
三つの声といふ事（威圧する声、拍子にのる声、勝ちを知らす声）
まぶる、といふ事（混戦に持ち込む）

③転心法
四手をはなすといふ事（思いきって組み手を放せ）
さんかいのかわりといふ事（山海と替り、同じ事を度々するな）
あらたになるといふ事（思いきって物事を新しくはじめる気になれ）
そとうごしゅといふ事（鼠頭牛首と細心而豪胆を知れ）
しやうそつをしるといふ事（将卒を知る我は将、敵は卒と思いなせ）
敵になるといふ事（自分だけが苦しいんじゃない敵の身になって考えよ）
つかをはなすといふ事（刀へのこだわりの心を捨ててみよ）

にわたって展開してきた技術的、戦術的内容を締めくくるものである。《機をつくり―機を知り―機にゆく》という働きの一体化した構え、つまりは表裏・懸待・拍子・虚実といったすべての内容を包括する不動の構えを説いている。『五輪書』（宮本武蔵著、渡邊一郎校註ワイド版岩波文庫）を一応右のような分類と説明にまとめられる（図1）。

2　宗矩が説く「表裏」「懸待」

『五輪書』と双璧（そうへき）をなす柳生宗矩の『兵法家伝書』（日本武道大系第一巻・新陰流・今村嘉雄著・同朋舎出版）も、今日まで武道という領域を超えて、さまざまのジャンルの人達から大きな関心を集めてきている。とくにこの書は「身」「心」の相関性をよく説いており、哲学や心理学の世界からも、熱い視線が注がれている。

ここには「表裏」「懸待」という表現がよくされ、「とにも角にも此道は表裏を本とし略（はかりごと）、偽（いつわり）を以って真を得る」（註2）とある。また、「懸待は、かかると、待との二也」（註2）として「懸とは、立あふやいなや、一念にかけて、きびしく切てかかり、先（せん）の太刀をいれんとかかるを懸と云也」（註2）、「待とは、卒爾（そつじ）にきつてかからずして、敵のしかくる先を待（まつ）を云也。きびしく用心して居るを待と心得るべし」（註2）と説き、ここでは「表裏」を広義に、「懸待」をその具体的な方法として位置付けているのが特徴的である。さらに「心と身とに懸待があること。心をば待に、身をば懸にすべし。なぜになれば、心が懸なれば、はしり過て悪程に、心をばひかへて、待に持て、身を懸にして、敵に先をさせて勝べき也。心が懸なれば、人をまづきらんとして負をとる也」（註2）と説き、また逆に「又の儀には、心を懸に身を待にとも心得る也。なぜになれば、心は油断無くはたらかして、心を懸にして太刀をば待にして、人に先をさするの心也。身と云は、即太刀を持手と心得ればすむ也。然ば、心は懸に身は待と云也」（註2）とも説く。

そして「両意なれども極る所は同心也。とかく敵に先をさせて勝也。」（註2）と子細に解説されている。また「風水の音をきくこと」ともあり、天空を吹き、落ちる風雨はあたるものなく、音無しである。地上近くにあって、松や石にあたることによって音を生ずるとして「下作の大事」つまり上待（虚）、下懸（実）を力説する。そして「懸待を内外にかけてすべし。一方にかたまりたるはあし」（註2）といい、「懸待、動静、内外をたがひにすべし」（註2）と締めくくっている。

つまり、二律背反的な意識作用の大事を説いているのである。これらの諸説は藤原敬信著の『免兵法之記』にある「凡諸流ともに懸待表裏虚実之扱を以、鑓・劔術の業とす」（註3）という表現に要約されるであろう。

3　高野佐三郎範士の懸待一致論

時代は下って剣道近代化の象徴とも言える高野佐三郎著『剣道』には「攻防一致」として「懸待一

致」が説かれている。そこでは、小野派一刀流の組太刀の最初の「一つ勝(切落のこと)」を例に挙げ、この一本を発明すれば、今日入門の者ではあっても明日は必ず免許皆伝であるとして、切落と打突とが一拍子となる「石火の位」「間髪を容れず」の重要性を説いている。そして「懸るに専らなれば、我が起りに先んじて敵より撃たるれば、之に応ずる能はずして、撃たるゝか、相撃となるの外なかるべく、待つに専らなればまったく我太刀は死太刀となる」(註4)として、私流に表現するならば「懸」のみに片寄る「懸々破」と「待」のみに片寄る「待々見苦し」とを戒め「懸るなかに待ちあり待つなかに懸りあり、懸待一致して遂に懸もなく待もなき境に到らんことを努むべし。これ懸中待待中懸の教へなり」(註4)と、やがては先の二律背反的意識作用を超えた懸待の妙を説いている。

4 技の成功・失敗しか見ることができない剣道大会

今日、ラグビー、サッカー、アメリカンフットボール、バレーボール、バスケットボール、ハンドボールなどの試合は体育館で、というのが一般的である。

これはそれぞれの種目の「競技空間」と「観戦空間」の重ね合わせによるものであり、競技者と観衆との一体感を損なわない空間として成立してきているものといえよう。おのおの戦いの手段と方法の違いこそあれ、得点に至るまでの全過程が見える(わかる)ことによって観衆と競技者は一体化され、試合場全体が興奮の坩堝(るつぼ)となる。まさに野試合ならぬ武蔵の大の兵法の観戦化とでも言うべきものである。

一方、対人運動としての相撲は土俵が、そしてボクシングにはリングという競技空間への一点集中化への特別の配慮が施されている。にもかかわらず、武道種目群にあっては体育館に幾つものコートをしつらえての観戦が一般的である。小の兵法である武道群の競技空間は極めてコンパクトであり、技が決まるまでの相互の「構え」「間合」の攻防や、微妙なかけ引き、さらには息づかいや心理的動静等（見難き技術）を見分けることは不可能に近い。

『五輪書』にも「大きなる所は見えやすし、ちいさき所は見えがたし、其の子細、大小数の事は即座にもとおりがたし、一人の事は心一つにてかわる事はやきによって、ちいさき所しる事得がたし」（傍点筆者）（註1）と大小兵法の技術の見分けの難易さを指摘するところである。いきおい「技の成功・失敗といった現象的結果」（見易き技術）のみを追う観戦にならざるを得ないのが現状である。よほどの目利きであって、臨場感いっぱいの位置にあってすら、相当の感情移入を持って見入らぬかぎり、技が決まるまでの道筋を見抜くことは容易なことではない。

今日にあってもこの「見難い」という制約性のクビキから脱出出来得ていないのも事実である。

5　打てるときは打たれるとき双手剣の理

対人的な運動の論理を象徴する略〈はかりごと〉、偽〈いつわりごと〉の基底にある「双手（もろて）剣の理

（制約性）」ということに触れておきたい。

双手で剣を操作する剣道では相手から打突されるところは、自分の剣が相手に届くところでもあり、状況しだいでは逆に相手を打てるところでもある。これを「無住心剣術」では相討ちを最初の手引きとして、その兵法を伝え、お互いに争うものがあれば「相討ち」となり相争うものがないので「相抜け」に至るとしているのである。全日本剣道連盟制定の剣道理念である「剣の理法の修錬による人間形成の道」に示された「剣の理法」とは全剣道史（日本刀・木刀・竹刀）を一貫する原理でなければならない。つまりこの「双手剣の理」ということになる。「剣尖・刃筋・鎬」遣いによる「受け」と「打突」とが二つにならないで一つになって作用する「攻防一致」の理の修錬による自己開発・創造の道ということになるであろう。「騙し合い」という技術をいわば方便として許容し、駆使し合う剣道の根底に存在するものは、この双手剣の理の作用としての「相討ち」である。「懸待」の統一体である構えのままに「相討ち」の気で対峙する。やがてこの気が澄みわたり、自他ともに打ちを出す気（争う気）が斬り落とされてゆけば、そこに理論的には「相抜け」が成立する。

このヤルかヤラレルかの切羽詰まった場面における自己の身心のより高次な相関性を追求し、その結晶としての〝わざとこころ〟の開発をはかってきたのが武の文

図2

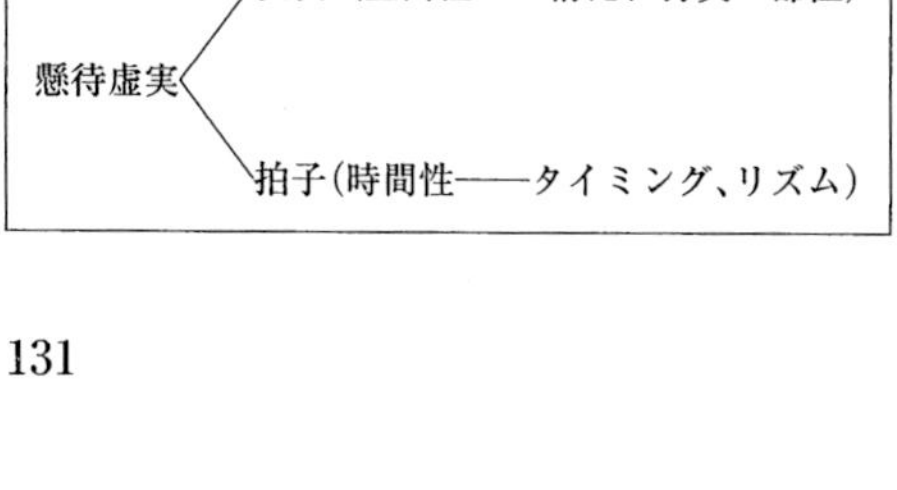

化性であり、その極を示すものが「相抜け」に到達したと言えなくもない。

総じて流派間の表現内容は技術と戦術が未分化であることもふくめて多様であり、類似性や重複性も数多く見受けられる。これらをここでは「表理」を相手の構えの表と裏、もしくは上と下というような打突部位的な空間性にかかわる内容としてとらえ、一方のリズム・タイミングといった概念に近い「拍子」を時間性に属するものとしてとらえる。そうするとこの両者を「時間的・空間的ズレ作り」として一体的に働かせる内容が「懸待」ということになる。これを図2のように整理要約しておいて、以下、私の「懸待一致」の上達論としての技術論を展開していきたい。

6　上達を極めると余裕が生まれる

こうしてみると「かげをうごかす」、「うろめかす」ということが、打突部位へのフェイントや打ちかけという「懸待」のかけ方として現実性を帯びたものとなる。合わせて、心理的誘導戦術である「三つの声」「おびやかす」「むかつかする」ということが、「懸待」の内容と方法をより豊かなものとするものとして作用することが容易に理解できるであろう。

上達を極めてゆくと相互の同時的攻防という切羽詰まった状況下にあってすら、外象的には〈懸〉と〈待〉の統一体でありながらも内部的（身体的・心理的）には分離と結合を高度に自在化できる余裕すら生まれてくるのである。

ここに至ると「けいきを知る」「くづれを知る」といった「よみ・予測」の働きもさらに研ぎ澄まされてゆき、相手の気の起こりの「枕をおさゆる」ことや、動きの兆しを押さえたり、挫いたりする「かげをおさゆる」こともできるようになってくる。まさに柳生新陰流の「内にかくしてあらはさざる見難き機をよく見て、はたらくを機前の兵法と云也」（註2）となってくると言えるであろう。

以上は『五輪書』と『兵法家伝書』に見られる古流における「懸待一致」的内容と、その要約であった。そもそも流派剣術書に見られる「懸待一致」の教えは、その表現の違いこそあれ、総じて〈懸―かかり〉と〈待―まち〉の技の使い方に関する事柄であると言えるであろう。以下に展開する私の「懸（ゆける）待（できる）一致」の上達論の狙いは、この技の使い方の工夫をさらに実りあるものとするためと、そこに至る道筋を明確化することにある。

また、そうすることによって、その後に続く技の洗練・深化過程への展望を得ようとする試みでもあると言える。その第一歩として、剣道という運動を広く「人間の運動」という土俵の上に乗せ、構造的に把握することから始めたい。

剣道の対人的、運動的技術特性とは

剣道という運動は〈移動〉をするという運動と〈打突〉をするという運動の結合運動である。そしてこの結合運動をつぶさに観察して見ると、二つの典型があることに気づく。その一つは「すり足」によるスムーズで素早い小さな重心移動による「打突」であり、もう一つは、「踏み込み足」によるダイナミックで瞬発的な大きな重心移動による「打突」である。

両者とも体軸の前後、左右のブレ、上下動等の少ない安定移動によって上肢での正確な打突が保障されていることにその特徴がある。前者（すり足）を〈いつでも打突ができる〉内容として〈待―できる〉、後者（踏み込み足）を〈いつでも打突にゆける〉内容として〈懸―ゆける〉としてとらえ、その〈対人的、技術性〉をひもといていくことが、〈懸（ゆける）・待（できる）〉一致の上達論であり、本稿のテーマである。

1　剣道という運動の二重構造性

そもそも剣道という運動は個人の最高運動能力の発揮を課題とする個人運動レベルと、刻々と変化する相対関係において、〈いつ、どこで、どのようにして〉効果的に先の個人運動レベルの運動を発揮するのかという対人運動レベルとが二重構造になっている運動である。攻め＝A、打突＝B、残心＝Cという三つの局面から構成される技の対人運動としての局面構造図は、以下のような図式（図3）となる。

図3　A＋B（a・b・c）＋C

技の習得過程は先ずその前段として①動作的なレベルでの「移動」と「打突」の結合運動

の二典型である〈懸―ゆける〉と〈待―できる〉を中心とする基本動作の習得から開始される。

そして、その基本動作の精協調化がすすんだのを待って、②各種技における〈懸―ゆける〉と〈待―できる〉の動作的内容の反復習得へと移っていく。Bの（a・b・c）は、技の個人運動レベルにおける準備＝a、主要＝b、終末＝cの各局面である。技の発揮を自然発生的にながめて見ると、最初のうちは粗協調のぎこちない動作（a＋b＋c）的運動として技の動作は発現されるが、やがてより安定的でスムーズな、しかもダイナミックで素早い精協調の運動動作（a・b・c）へと変化してくる。

2　どのように技を作り、そして使うか

①②に続いて③AとB（a・b・c）、とくにはAとBのaの連結のさせ方が重要な課題となってくる。Aは相手との「構え」と「間合」の攻防であり、〈いつ、どこで、どのようにして〉、B（a・b・c）を効果的に発現するかを決定していく重要な局面でもある。

そこでは、「よみ・予測」をともないながらもつねにいつでも打突にゆける（懸）状態を維持しつつ、もしも相手が打突してくれれば、それに応じていつでも打突できる（待）内容を兼備している懸待一致の「構え」内容が要求されてくる。Cの残心は、技の決め、および技後の処理のことである。具体的には、Aの技を打ち出すまでの攻めの充実を受けてB（a・b・c）の打ち切りの厳しさとして学習

されるものであるが、失敗時には、すぐさまAと連結して中間局面を形成し、循環的な運動となるべく、次のBへの導きをスムーズなものとして技を連続させるものである。技は、一撃で決することをめざすものであるが、実際にはなかなかそうはいかないのも現実である。技としてのB（a・b・c）と、次の技（二の太刀、三の太刀）との間を詰める攻勢の持続内容としてのCの役割は極めて重要である。

3 「懸待一致」の三重構造（システィマティックなゆける、できる）

以上見てきたように、「懸（ゆける）待（できる）」には三つのレベル（層）が有機的に結合して、技として発揮されることに気づくであろう。一般的には、動作的レベル（技の動作）と技的レベル（技の使い方）とを短絡的に簡単に連結させてしまって終りということになってしまいがちであるが、個々の実践に立ち還ってよく吟味反省してみると、両者の接続使としての構えレベルの懸待一致、つまり、構え力の向上が大きな役割を果たすことに気づくであろう。

以下このことを一覧表（図4）にまとめておきたい。次章では、この一覧表に基づいて、現代剣道における各種稽古法のねらいとつながりを懸（ゆける）と待（できる）でもってひもときながら、技の習得過程を展開する。

図4

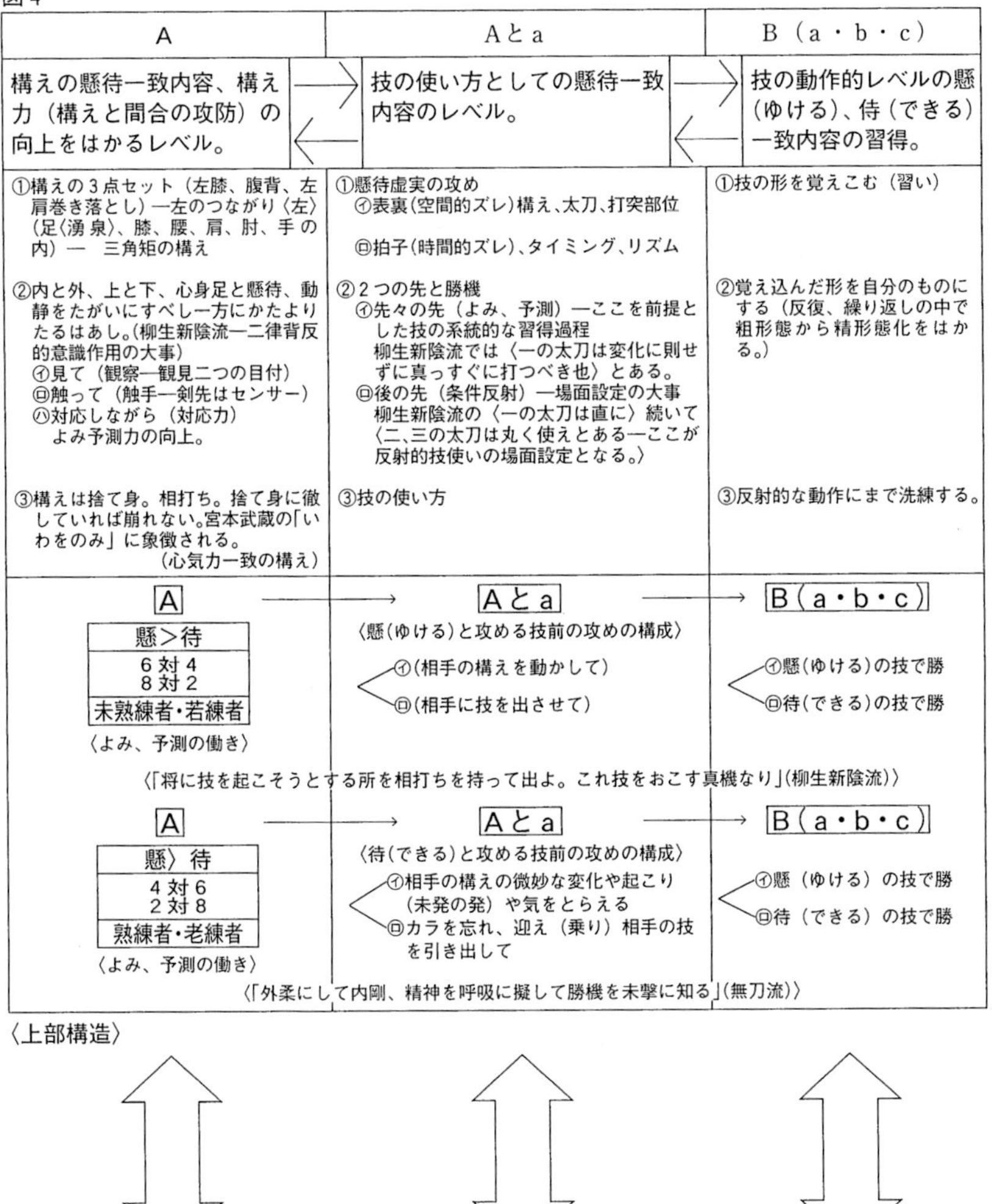

A	Aとa	B（a・b・c）
構えの懸待一致内容、構え力（構えと間合の攻防）の向上をはかるレベル。 ⟷	技の使い方としての懸待一致内容のレベル。 ⟷	技の動作的レベルの懸（ゆける）、待（できる）一致内容の習得。
①構えの3点セット（左膝、腹背、左肩巻き落とし）一左のつながり〈左〉（足〈湧泉〉、膝、腰、肩、肘、手の内）一　三角矩の構え ②内と外、上と下、心身足と懸待、動静をたがいにすべし一方にかたよりたるはあし。（柳生新陰流一二律背反的意識作用の大事） ㋑見て（観察―観見二つの目付） ㋺触って（触手―剣先はセンサー） ㋩対応しながら（対応力） よみ予測力の向上。 ③構えは捨て身。相打ち。捨て身に徹していれば崩れない。宮本武蔵の「いわをのみ」に象徴される。 （心気力一致の構え）	①懸待虚実の攻め ㋑表裏（空間的ズレ）構え、太刀、打突部位 ㋺拍子（時間的ズレ）、タイミング、リズム ②2つの先と勝機 ㋑先々の先（よみ、予測）―ここを前提とした技の系統的な習得過程 柳生新陰流では〈一の太刀は変化に則せずに真っすぐに打つべき也〉とある。 ㋺後の先（条件反射）―場面設定の大事 柳生新陰流の〈一の太刀は直に〉続いて〈二、三の太刀は丸く使えとある―ここが反射的技使いの場面設定となる。〉 ③技の使い方	①技の形を覚えこむ（習い） ②覚え込んだ形を自分のものにする（反復、繰り返しの中で粗形態から精形態化をはかる。） ③反射的な動作にまで洗練する。

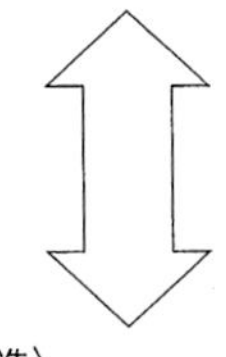

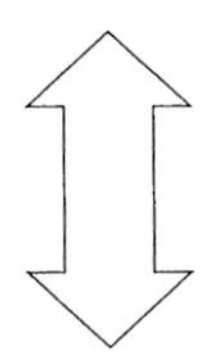

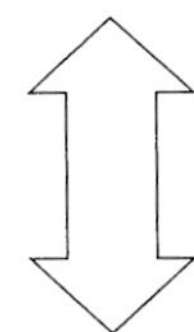

〈上台構造〉

〈動作的レベルの懸（ゆける）・待（できる）の習得（基礎――基本動作）〉

①剣道という運動は、移動と打突の結合運動――その2典型は〈踏み込み足打突（ゆける）とすり足打突（できる）〉

②基本動作内容としての一足一刀の体さばき、太刀さばきとしての懸（ゆける）待（できる）のよりよいリズムを身に付ける。

③構えの基底的内容はこの懸（ゆける）待（できる）を合わせ持っているということである。

【引用文献】

註1　宮本武蔵著、渡邊一郎校註『五輪書』ワイド版岩波文庫（1991）
註2　柳生宗矩『兵法家伝書』日本武道大系第一巻、新陰流　今村嘉雄著、同朋舎出版（1966）
註3　藤原敬信『免兵法之記』（武道の名著、渡邊一郎編）東京コピィ出版（1977）
註4　高野佐三郎『剣道』島津書房（1915）

【参考文献】

・南郷継正『武道の理論』三一書房（1973）
・作道正夫「教育としての武道の成立根拠を問う」体育科教育（1992、7月号）大修館書店
・作道正夫「武道（剣道）における戦術」体育の科学（1994、7月号）杏林書院

第八章

「懸待一致」の上達論Ⅱ

剣道技術論――「懸待一致」の上達論Ⅱ

前章の「懸（ゆける）待（できる）一致」の上達論のねらいは、技の使い方の工夫をさらに実りあるものとすること、そこに至る道筋を明確化にすることにあった。

本章では、さらに一歩進めて第一に各種稽古法の懸待レベルと、その内容について考え、それらの区別と関連性を明らかにしてみたい。第二は、〈基本動作レベル―技の動作的レベル―構え力レベル―技の使い方レベル〉の懸待一致の習得過程を追いながら具体的な技の習得過程（創出と使用）の系統的展開へと迫ってみたい。

各種稽古法の懸待レベルとその内容

稽古には、大きく分類すると二つの問題が内在する。すなわち上達論、勝負論という枠組みであり、上達論は、勝敗にはさほどこだわらず、技能向上を主眼においた稽古、逆に勝負論は勝敗を最優先とした稽古と考えることができる。

それら二つをいかに相即させていくかが技能向上において重要な部分となる。まずここでは各種稽古法に組み込められている懸（ゆける）侍（できる）内容の解明につとめ、稽古法ごとの守備範囲（区別）の違いと連携（連関）のあり方を明らかにしておきたい。

1　試合

本来試合は、勝負論の立場で技をつかうことである。しかし「勝ちに不思議の勝ちあり、負けに不思議の負けなし」といわれるように、反省・工夫の大事ということからも大いに上達論が介在する余地がある。技が決まったときは身体が反応し、覚えていないことがよくある。これが本当の技といわれるところだが、失敗した場合は「溜めが足りなかったので返された」「出ようとしたところを乗られた」「気を抜いたところを打たれた」など覚えているものである。

とくに戦気、気位、構え、間合、機会、技〈出し方、使い方、決め方〉および事後処理の仕方を吟味し、反省、工夫することが上達につながる。剣道では「千日の鍛、万日の練、蓋し勝負は一瞬」という教えがある。また「剣道に勝ちなし、負けなし、勝負あり」ともあり、日常的な稽古による自己開発と一瞬の「勝負あり」という自己創造をどう相即させていくか、注目の集まるところである。

2　互格稽古

このように勝負論および上達論の立場での技の使い方と考えることが大切である。「稽古は試合のように、試合は稽古のように」といわれるように、互格稽古では初太刀（立合の一本）の大事がいわれ、稽古の「起承転結」のくくりとして最後に「一本」とか「三本」とかの勝負場面が設定されるのが常である。その意味でも一本勝負を重ねる稽古が大切である。

上手（うわて）には負けの覚悟いっぱいに技をつかうことを心掛ける。「負けてよい」のではなく、「これでどうだ」という気持ちで、捨て身で遣うのである。稽古でつかえなければ試合でつかえることはありえないと考えたい。

一方、下手（したて）には技の使い方に細心の注意を払い、突き詰める必要がある。「打った、打たれた」で論じるのではなく、技の全過程の一挙手一投足を確認するくらい丁寧に取り組むことが大切である。「上手に懸かり、下手に技ならし」ということになる。

孫子の「彼を知り己を知れば百戦して殆うからず、彼を知らずして己を知れば一勝一負す。彼を知らず己を知らざれば、戦うごとに必ず殆うし」という一説は戦術論としてあまりに有名である。「見取り稽古」の工夫によって自他の観察をたくましくしていきたいものである。

3　懸かる稽古

「懸かる稽古」とは、互格稽古の場面において二分から三分で息が上がるようにどんどん積極的に先の技を仕掛け、技や攻めを連結させながら気の緩みや抜けのないように注意を払う稽古法である。

つねに構え力を充実させながら（十五秒前後で一息から二息くらいで）懸の技を中心として連続的に打ち込む。元立ちの捌き（外し、いなし、体当たり、つけ込み、乗り、応じ技）に対してひるむことなく残心と攻めを連続させながら、何本かの有効打突を求めていく。

効果的な稽古を成立させるには、元立ちの構え力と捌き内容が重要で、「掛かり稽古」との違いを明確にすることである。

4　引き立て稽古

元立ちが相手の技の使い方の場面構成にもっとも注意を払う稽古法である。元立ちは相手の上達課題を見極め、構え内容や先の取り方、技の出し方、打突動作、打突の決め方、二の太刀、三の太刀への継ぎ方等々を稽古をとめることなく引き立てながら稽古する。元立ちの個々に対する抵抗、干渉の匙（さじ）加減の仕方が重要である。

5　技の稽古

技の稽古では、技の打突動作（体捌き・竹刀捌き）であるB（a・b・c）にのみ重点が置かれがちである。このことを認めながらも、とくにここでは技の使い方への触手を伸ばす試みに挑戦してみたい。技の使用と創出の相即性を高めるには、常に〈いつ・どこで・どのようにして〉その打突過程を効果的に発揮するのかの工夫が大切となる。

まず創出過程では技の打突過程を繰り返し、粗形態から精形態化をはかることにつとめる。これを使用過程に組み替えていくには、お互いが充実したかたちで技を発する前の「五秒」の構えと間合の攻防、さらに「三秒」の技前の攻めの構成を工夫することが大切である（技前の五秒、三秒のすすめ）。技の使用場面では構えと間合の攻防（よみ・予測）、これを受けて技前の攻めの構成があって、はじめて打突が発現されるのである。つまり基本的には技前の前付けの工夫が大切となる。よみ、予測のスクリプトを構成し、それぞれの対応場面を設定し、技の使い方の予行演習を実践しておくのである。予測のスクリプトは、見て（観察〈オブザーベーション〉―観見二つの目付）、触って（触手〈イクステンション〉―剣先はセンサー）、構えと間合の攻防（対応力〈コレスポンデンス〉）から構成される。この構えと間合の攻防に際しては柳生新陰流的な二律背反的意識作用の適用と工夫、間合の取り方に注意を払うことが大切である。

技の使い方は互格稽古や試合のなかで試されるのが一般的である。しかし、やはり技の稽古の場面において創出と使用の両過程を位置づけていく努力が求められる。

その昔、形の稽古は技の稽古であった。約九歩の間合と打突攻防の触刃、交刃の間合とをいったりきたりする様式、この意味と技能に注目してみる必要がある。約束的に打つ形にあってその約束を超えるものへの期待がこの様式にこめられている。それを技前の構えの充実と間合の攻防の場面に移し変え、五秒、三秒の前付けとしたのがここでの技の稽古場面づくりの特徴である。

6　掛り稽古

ここからが技を下支えする土台構造としての懸（ゆける）待（できる）一致力を高める内容である。掛り稽古は、懸（ゆける）の技の打突動作的レベルの連続的打ち込みを中核とする。元立ちの捌きは否定的条件（抵抗・妨害）で行なうものである。

つねに構えを充実させながら、懸（ゆける）の技を中心とした激しく、鋭い連続的打ち込みである。とくに元立ちの否定的捌き（外し、いなし、体当たり、つけ込み、乗り、応じ）に対してひるまず、瞬時に構え力を修復させながらその瞬間その間合での臨機応変の的確なる打突が求められるのが掛り稽古である。

千葉周作は「打ち込み稽古法」（掛り稽古と打ち返しをワンセットとした稽古法）を行なうことを上達の第一とした。苦しく、ハードな稽古法である。起き上がり小法師（達磨）的な掛りと元立ちの捌き内容との相乗効果が期待される。大いに構え力が鍛え練られることとなる。正しく鍛え練り、身体各部に障害を生じさせないような配慮が大切である。

7　打ち込み稽古

懸（ゆける）の技の打突動作的レベルの連続的打ち込みを中核とする。元立ちの捌きは肯定的条件（呼び込み・引き立て）で行なうものである。

つねに構えを充実させながら懸（ゆける）の技の打突を中心にして、連続的に打ち込み、打突直後ただちに構え足になることを厳しく躾けたいものである。そして打ち間への入り、打ち出し、打ち切り、打ち抜け、振り返りながらの構え方、体当たりと引き技などの一連の動作の流れを鋭く、的確に行なう。

ここでは正確で鋭い打突を発することはもちろん重要であるが、打突と打突の間の構え力の保持も重要な内容としてとらえる必要がある。掛り稽古との区別と連携的位置づけが極めて大切であり、両者の往還的実践が求められる。

8　打ち返し

打ち返しは、動作的レベルの懸（ゆける）と待（できる）とをワンセットにしたものである。踏み込み足の打突である懸とすり足の打突（左右面の連続）である待のよりよいリズムの習得が大切である。素振りで振りかぶったときの肩・肘・手首・手の内のポジションが正しく習得されていないと振りかぶりの上肢の力みによって身体のバランスを崩してしまう。それが振り下ろし時の左拳の正中線からの外れと連動し、右手でこねる左右面への打ち返しとなってしまう。一人で素振り、二人で相手に受けてもらって打ち返しと考えた往還的実践が求められる。腹と背中の力が一体となり（胴の坐り）、肩の力が抜けて伸びやかで歯切れのいい打ち返しの体得が構え力を高めることとなる。

武専（大日本武徳会武道専門学校）では一年目は「打ち返し」、二年目は「掛り稽古」のみを実施した。いずれも土台構造としての意義を重視したからに他ならない。

9　独り稽古

いつでも、どこでも一人で可能な稽古法である。歴史的にも、この稽古法の質量に負うところは極めて大きい。

「独稽古と云は、相手の有る無きによらず、己を修る事而巳（のみ）となるを云也。されば心身ともに中を求め、無形にして、著る所無く、己れに克って、節をはせに取り、からを忘れて、迎を出す。是独稽古して勝負を人に争はざる也」（柳生新陰流）と連也斎の七ヶ条にあり、構えに集約される心身の内容から技の使い方に至るまできわめて広汎かつ深遠な内容が説かれている。

素振り、影打ち（空間打突）、立稽古などが挙げられるが、最近ではスポーツ医・科学を適用した筋力トレーニング、メンタルトレーニング、イメージトレーニングなどもふくまれるであろう。

素振りは、懸（ゆける）の跳躍素振り、待（できる）のすり足素振りともに正しい一足一刀のリズムを身につけることが重要である。どちらも終末の局面で、構え足となることを習慣づけることによって、懸↓待、待↓懸の素早い連結が可能となる。高齢者では打ち返し、打ち込み、掛り稽古の代用としての役割を十二分に果たしている。

影打ちは、懸（ゆける）と待（できる）の連続性を高める効果がある。構えの懸待一致力を高めていくことにより、技をより完成度の高いものに仕上げていく。

立稽古は、静中動の極みというべきもので、構え、間合、打ちを出すまでの間の詰め、呼吸、攻めの入り方などすべてがふくまれる。坐禅に相当する立禅的内容にもまたがり、無心応の構えへと集約深化されていく。独善に陥らぬ工夫が不可欠となる。

以上、各種稽古法の区別と連関を明確化するために一覧表にまとめておきたい。

1　各種稽古法の懸待レベルとその内容

稽古法	懸待レベル	懸待一致の内容と工夫	留意点
試合	勝負論の立場での技の使い方	・戦気、気位、構え、間合、機会、技〈出し方、使い方、決め方〉。事後処理の仕方の吟味、反省、工夫	・「勝ちに不思議の勝ちあり、負けに不思議の負けなし」（上達論）
互格稽古	勝負論及び上達論の立場での技の使い方	・試しとしての勝負論の意義 「稽古は試合のように試合は稽古のように」（相即） 一本勝負を重ねる稽古の大事 ・試しとしての上達論の意義 「上手に掛り、下手に技ならし」（千葉周作） 「負けの覚悟いっぱい」の技使い（嘉納治五郎） 「打たれて修行する」	・「彼を知り己を知れば百戦して殆うからず、彼を知らずして己を知れば一勝一負す。彼を知らず己を知らざれば、戦うごとに必ず殆うし」（孫子の兵法―戦術）

懸かる稽古	上達論の立場での懸の技の積極的、連続的使用を中心としながら失敗後のCとAとの連結のさせ方をふくめた単発的ではない技の使い方	（一刀流） ・負けの覚悟いっぱいの互格稽古の掛りとして、2〜3分で息があがるようにどんどん積極的に先の技を仕掛け、技や攻めを連結させながら気のゆるみや抜けのない稽古を行なう。 ・常に構え力（A）を充実させながら（15秒前後、なか1〜2息くらいで）懸の技を中心として技的にしかも連続的に打ち込んでいく。元立ちの捌き（外し、いなし、体当たり、つけ込み、乗り、応じ技）に対して崩れ怯むことなくCとAの連結も交えながら何本かの有効打突が求められる。	・上達論と勝負論の非連続の連続性 ・元立ちの構え力と捌き内容が大事。 ・掛り稽古との違い大事。
引き立て稽古	元立ちの引き立てに素直に対応する上達論の立場での技の使い方	・どちらかといえば懸かる稽古の元立ちは否定的。引き立て稽古の元立ちは肯定的「抵抗、干渉の匙加減」の工夫が大事。	・できるだけ稽古をとめない形で行なう
技の稽古 〈使用〉◀━━▶〈創出〉		技の使用と創出の相即性を高める	
〈使用〉	Aとaの連結のさせ方（技前の攻めの構成）、技の使い方レベルの懸待一致 A—構え力（構えと間合の攻防）レベルの懸待	技の習得の場面A（5秒）の構えと間合の攻防—（よみ・予測づくり）—Aとaの連結する攻め（3秒）の構成を基本的には技前に前付けする。 ・よみ、予測のスクリプトを構成し、それぞれの対応場面を設定し技の使い方の工夫をする。 ・見て（観察〈オブザーベーション〉—観見二つの目付） ・触って（触手〈イクステンション〉—剣先はセンサー） ・構えと間合の攻防（対応力〈コレスポンデンス〉） →よみ・予測のスクリプトを構成する。	・構えの懸待力の養成につとめる（柳生新陰流的な二律背反的意識作用の適用、工夫が大切） ・互いに反発、干渉しあいながらせめぎ合う（5秒）。攻めの構成に対して約束通り対応し打突させる（3秒）。 ・自分の構えに入れず、相手の構えに入る。 ・打ち間を出たり入ったりしないように間合に気を付ける。 ・人形サンドバックの打突ではない。
〈創出〉	技のB（a・b・c）の動作的レベルの懸（ゆけ	・B（a・b・c）を反復繰り返し粗形態から精形態化をはかる。基本的には技の稽古はここが中核となる。	

	る)、待(できる)		・創出をベースとし使用への予行演習が上乗せされる。
技の土台構造としての懸(ゆける)待(できる)一致力を高める			
掛り稽古	懸の技のB(a・b・c)の動作的レベルの連続的打ち込みを中核とする。〔元立ちの捌きが否定的〈抵抗・妨害〉条件で行なう。〕	・常に構えを充実させながら、懸(ゆける)の技を中心とした激しく、鋭い連続的打ち込み。元立ちの捌き(外し、いなし、体当たり、つけ込み、乗り、応じ)に対して、怯まずその瞬間その間合での臨機応変の的確なる打突が求められる(起き上がり小法師的な掛りと元立ちの捌き内容との相乗効果の大事)。 ・打ち返し(懸待)と打ち込み(懸)の内容とを技のB(a・b・c)の懸待動作へと発展させ、総合的かつ連続的に行なうもの。	・千葉周作は「打ち込み稽古法」(掛り稽古と打ち返しをセット)を行なうことを上達の第一とした。 ・苦しくてハードな稽古法である。正しく鍛え、練り、身体各部に障害を生じさせないような配慮が大切である。
打ち込み稽古	懸の技のB(a・b・c)の動作的レベルの連続的打ち込みを中核とする。〔元立ちの捌きが肯定的〈呼び込み、引き立て〉条件で行なう。〕	・常に構えを充実させながら、懸の技のB(a・b・c)を中心として、連続的に打ち込む。打ち間への入り、打ち出し、打ち切り、打ち抜け、振り返りながらの構え方。体当たりと引き技等々を鋭く的確に行なう。懸と懸の間を継ぐ構え、体勢の躾が大切。	・武専では1年目を「打ち返し」、2年目には「掛り稽古」を実施した。いずれも技の土台構造としての意義を重視したからに他ならない。
打ち返し	動作的レベルの懸と待	・懸(踏み込み足打突—ゆける)と連続的な待(すり足打突—できる)とをワンセットにしたものである。特に連続送り足と左右面の打ち返しのよりよいリズムの習得が大切。	・構え力を練る

独り稽古	基本（動作）としての懸（ゆける）待（できる）の一致力を高める		
		・「独稽古と云は、相手の有る無きによらず、己を修る事而巳（のみ）となるを云也。されば心身ともに中を求め、無形にして、著る所無く、己れに克って、節をはせに取り、からを忘れて、迎を出す。是独稽古して勝負を人に争はざる也」（柳生新陰流）と連也斎の七ヶ条の中にあり、構えに集約される心身の内容から技の使い方に至るまで極めて広汎かつ深遠な内容が説かれている。立稽古内容の工夫による深まりということになる。	・いつでも、どこでも、一人で可能な稽古法であり、歴史的にもこの稽古法の質量に負うところは極めて大きい。 ・常に独善に陥らぬ工夫が不可欠である。
素振り 跳躍素振り	基本動作レベル	・懸（ゆける）の跳躍素振り、待（できる）のすり足素振りとも、正しい一足一刀のリズムを身につける。どちらも終末の局面で、構え足となることを習慣づけることによって、懸→待、待→懸の素早い連結が可能となる。	・高齢者にとっては〈打ち返し、打ち込み、掛り稽古〉の代用としての役割も大である。
影打ち	・技の使用レベル（Aとa）と工夫 ・基本動作レベル	・懸（ゆける）と待（できる）の連動性を高める。	・構えの懸待一致力を高めていくことによって技をより完成度の高いものに仕上げていく。
立稽古	・技の工夫と使用レベル（Aとa） ・構えレベル 懸待（A）	・構え力は向上深化して懸待一致内容はやがては懸もなく待もなき境に至る（静中動の極み）。	・坐禅に相当する立禅的内容にもまたがり無心応の構えへと集約深化されていく。
その他	・筋力トレーニング ・メンタルトレーニング ・イメージトレーニング	・筋レベル ・心意識レベル ・技の使い方、戦いの展開等々それぞれのレベルのトレーニング法の開発が求められる。	・スポーツ科学の適用

以上、各種稽古法を懸（ゆける）待（できる）内容からその連なりを図表化してみたわけである。
これを次のように要約仕直すと初心者指導の展開が見えてくる。

〈要約図〉

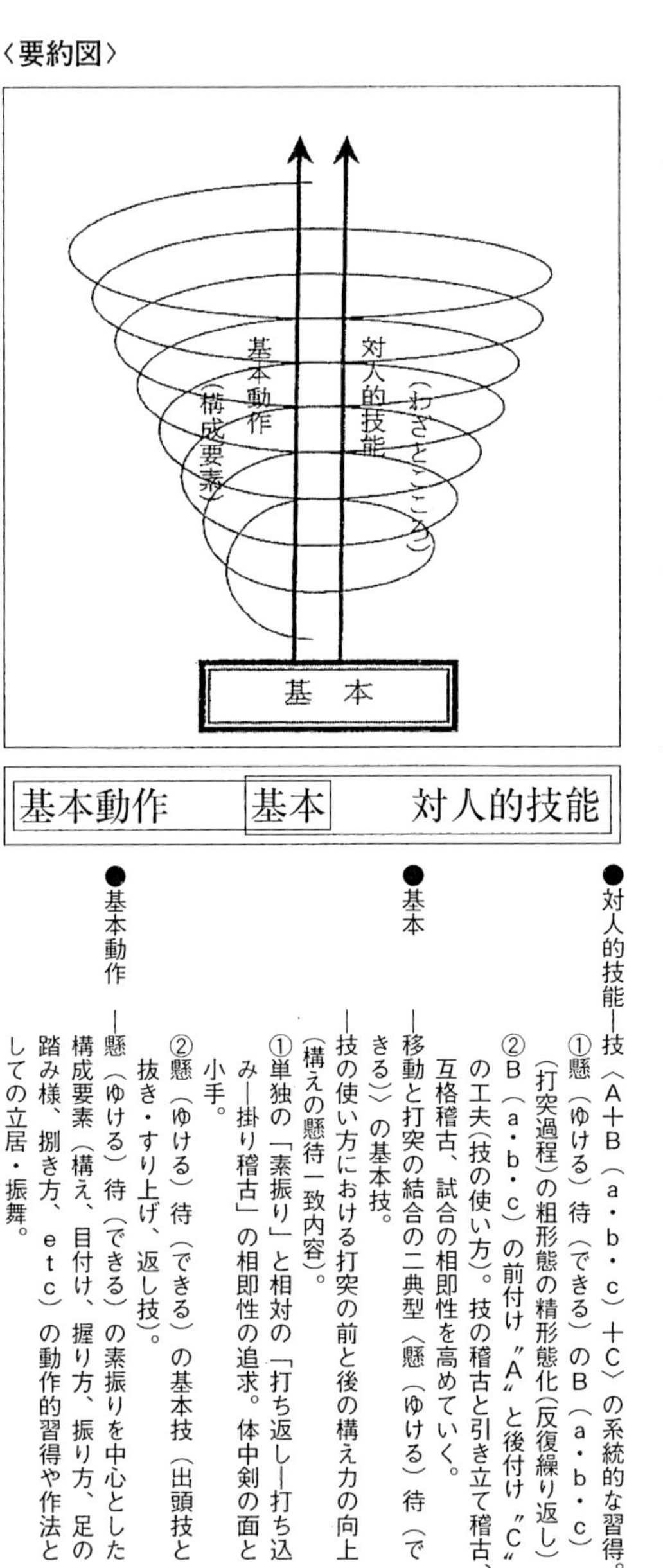

●対人的技能―技〈A＋B（a・b・c）＋C〉の系統的な習得。

①懸（ゆける）待（できる）のB（a・b・c）（打突過程）の粗形態の精形態化（反復繰り返し）

②B（a・b・c）の前付け〝A〟と後付け〝C〟の工夫（技の使い方）。技の稽古と引き立て稽古、互格稽古、試合の相即性を高めていく。

●基本―移動と打突の結合の二典型〈懸（ゆける）待（できる）〉の基本技。

―技の使い方における打突の前と後の構え力の向上（構えの懸待一致内容）。

①単独の「素振り」と相対の「打ち返し―打ち込み―掛り稽古」の相即性の追求。体中剣の面と小手。

②懸（ゆける）待（できる）の基本技（出頭技と抜き・すり上げ、返し技）。

●基本動作―懸（ゆける）待（できる）の素振りを中心とした構成要素（構え、目付け、握り方、振り方、足の踏み様、捌き方、ｅｔｃ）の動作的習得や作法としての立居・振舞。

懸待一致をめざした私の実践例

大学剣道部の指導をはじめ各種研修会や稽古会で「懸待一致の上達論」をベースとした講習会を展

開してきた。そのなかからいくつかの実践例を紹介する。

1　「小学生の懸待一致」香川大学青少年剣道研修会

香川大学青少年剣道研修会は、地元の発展に寄与することを目的に毎年11月に開催されている。地元の少年剣士、指導者を対象に平成十四年の今年九回目を終えた。

少年指導に従事される先生方に懸待一致の理論に触れていただくことにより、日頃の指導内容の問題整理と向上に一役買うことができればと考える。以下はその要約的内容である。

懸待一致の剣道を身につけよう

剣道の〈打つ、突く、かわす〉という運動は〈移動〉と〈打突〉の結合運動であり、この二典型として、「すり足移動による打突」（小さな移動と打突の結合→できる→待）、「踏み込み足移動による打突」（大きな移動と打突の結合→ゆける→懸）を挙げることができる。

さまざまなレベルの差はあっても、この「すり足移動による打突」と「踏み込み足移動による打突」の内容を習得し、兼備した〈構え〉こそが「懸待一致」の構え内容（いつでもゆくぞ〈懸〉、きたらかえすことができるぞ〈待〉）ということになる。

この（ゆける）と（できる）それぞれの「一足一刀」の会心のリズムの習得という視座から、剣道の「基本」について学習した。

⑴いつでもどこでも独り稽古

素振り

一般的に素振りというと上肢の運動ととらえてしまいがちであるが、ここでの「一足一刀」のリズムは竹刀の振り切りと後ろ足の引きつけの一致（前進―左足、後退―右足）によって生まれ、その完成度が高まると「素振りの終末の局面」そのままに（ゆける）への連動が可能となる。つまり「懸待一致」の構えを〈できる〉の完全実施によってつくりあげてゆくこととなる。

跳躍素振り

ここでの（ゆける）は跳躍的に行なうのではなくて、すり足的に連続して行なう。移動幅をより拡大してゆくことによって右足の高足踏み込みの矯正、左足の引きつけの甘さの矯正ともなり、腰脚足芯の運動強度は高められ、しかも上肢が安定する。

すり足移動（できる）の延長線上に踏み込み足移動（ゆける）があるといった実感を得るに至る。その完成度が高まると「跳躍素振りの終末の局面」そのままに（できる）へも（ゆける）へも連動が可能となる。つまり「懸待一致」の構え内容に限りなく近づくこととなる。

影打ち

ここでの（ゆける）は「立稽古」―「懸待一致の構え」―「三角矩の構え」（眼と剣先と腹〈ハセの拍子〉）が決まり、（できる）と（ゆける）の効率的かつ微々妙々たる連動性を高めると同時に、動態中のハセの拍子（腰、腹、同量の緊張感）の向上をもはかることができる。

⑵踏み込み足打突

初心者指導にあたって、踏み込み足打突（ゆける）の正しい習得と、「双手剣の理」の体現をはかることは極めて重要である。また、そのためにも「体当たり」指導を技学習の最初に位置づけることによって「技後の身体接触を恐がらない」「技の失敗を恐れない」状況が生み出され、〈打ち切り〉〈打ち抜け〉剣道の実践による技学習の効果も期待できる（図１）。

⑶技の土台構造としての〈移動〉と〈打突〉の結合運動を練る

打ち返しは懸（ゆける）と待（できる）をワンセットにした稽古法である。よりスムーズにかつダイナミックにそして連続的に行なう。〈腰（ハセの拍子）・脚・足芯の練り〉と〈太刀筋を正す〉打ち返しは最初、中腰姿勢で腰の水平移動によって行なう。次に構え体勢での前後、左右、斜め方向への捌きと連続打ち返しは試合での連続攻防へと連動する（連続キザミ打ち）。

打ち込みは、技のB（a・b・c）の懸（ゆける―打ち出し、打突過程、打ち切り）の強化が中心でありながら同時に打突と打突との間をつなぐ（できる―打ち抜け、対敵動作）の大事を学ぶ。

図１
踏み込み足打突（ゆける）の一足一刀リズムの習得手順

①左足を引きつけ＝振りかぶり（ゆっくりと太陽を呑むような気概で）→　正面（のびやかに）

②上段にて連続送り足 →正面（形状記憶装置をつくる）
（振りかぶりでの崩れを防ぐために）腰の割れ、背骨の乗り、頭上へのツンと抜ける衝撃感）

③連続送り足から大きく振りかぶり　→　正面（腰折れ、上下動〈目線の狂い〉が起きないように）
左足の送り込みと振り上げの一致。
そのとき体軸と両肩の縦・横の十字の線が動かないこと。

④同上　小手　→　面

⑤同上　小手　→　~~~~ つけ込み足 ~~~~ ストレートの面

⑥ 中段の構え 連続送り足からそのまま → ストレートの面（右手の取り〈剣先の起こし〉なし、ハセの拍子と左拳の突き出し）

⑦　同上　→　ストレート小手　→　面（とくに小手の起こり右手の取りが出ないように）

⑧ 一歩攻め入って →　ストレート面

⑨　同上　→　ストレート小手―面

⑩ 構え足のまま（ジリジリジリと間を詰めて）→　ストレート面

⑪　同上　→　ストレート小手―面

⑫　同上　→　ストレート面―体当たり引き技（後方空間への移動と打突の結合。体当たりは一歩半の当たりと半歩の受けで弾みを引き出す）

⑬　同上　→　同上――追い込み技
　　　　　　　　　　　　応じ技

（パターン的にでも２人の関係をここまでつないでおく）

掛り稽古は、元立ちの構え力に対するB（a・b・c）の連続的な鋭い（ゆける）力を練り込む（方向、間合の転換をはかる）。元立ちの否定的ないし、外し、体当たり、つけ込み、応じ技に対してひるむことなく気崩れ、体崩れを素早く回復させつつ懸待一致の構え力を養う（動的な攻勢の持続、打突と打突のつなぎの充実をはかる）。体当たりは身体接触であり、中間支配力を高めることを目的とし、また呼吸法は一息一刀と瞬息の剣（気息の詰めと微なる遣い）に注意する。

我々は日頃の稽古で「素振り」「跳躍素振り」「打ち返し」「打ち込み稽古」、そして「掛り稽古」を稽古メニューに組み入れ、常習的日課としてきている。あるときは準備運動的に、またあるときは超鍛錬の反復稽古法として実践していればなにかが身に付くと思い込み、形骸化してしまってはいないだろうか。

それらの方法には一体どんな基本的内容がふくまれているのであろうか。そして、そのポイントをどうとらえ、訓練していくことで上達向上の道を踏み固めていくことができるのであろうか。

「懸（ゆける）待（できる）一致論」とは、そこに打ち込むべき「楔（くさび）」である。そのためには、運動構造的に剣道をとらえ、基本内容を明らかにし、従来、なんとなくガムシャラに行なってきた各種稽古法にあらたなる内容を見出し、マンネリ化した日常性に息吹を吹き込む指導展開を心掛けたいものである。

2　大分県国体強化講習会

二〇〇八年の大分国体にさきがけ、地元大分県では強化講習会を立ち上げた。国体の強化も臨戦態勢に入ると練習試合中心とならざるを得ないが、その前に大切なのは毎日の生活であり、学業であり、そして稽古だと思う。

剣道の場合は「師弟同行」という言葉があるように指導者が防具をつけて教え子と汗を流すことを基盤にさまざまの教育活動が展開される。

第一回の講習会は平成十四年二月に開催された。弥生三月を間近にして、新チーム構想が脳裏をよぎる時期だった。

千葉周作はもっとも効果的で主要な稽古法として「打ち込み稽古法」を広く発展、定着させた。それは面、小手、胴、突きの打突部位に対して激しく連続的に打ち込んでいく方法であり、今日の「打ち返し」と「掛り稽古」とをセットにした稽古法である。これは運動量の多さから寒中の稽古法としてふさわしく、千日の鍛の掛り（若者）と万日の練の元立ち（壮老者）とのぶつかり合いによる合気、競合のハーモニーのなかに三世代（老若男女）にわたる共習・共導の世界が開かれていく。

厳しくも激しくもうれしく、それぞれの年齢、熟達度に応じた鍛練が展開される場となる。単なる技術向上のみならず、日常性を超えた人間と自然（厳寒）との交流を通して「人間とはなにか」「人間いかに生きるべきか」「よりよい人間関係とは」を問い合う絶好の場でもある。

このような趣旨のもと、技を磨く夢追いの春を先駆け、先生方が元立ちとなり中高生が掛りとなってミニ寒稽古を実施した（図２）。

懸待一致の上達論の系統的展開

香川大学研修会において「素振り」「跳躍素振り」という基本動作的レベルでの懸（ゆける）待（できる）一致内容の習得、大分県国体強化講習会において技の土台構造と技のB（a・b・c）の局面の懸（ゆける）の動作的レベルの訓練として「打ち返し」「打ち込み稽古」の習得を試みた。

さらにはB（a・b・c）の懸（ゆける）

図２
技の土台構造としての懸（ゆける）待（できる）一致力を練る寒稽古

1「懸（ゆける）待（できる）一致」の剣道上達論
①説明　20分
②準備体操を兼ねての素振り指導　20分

2段取り
寒稽古の体験談を聴き、語る
元立ちの構え力、捌き、気構え次第で掛り内容も効果も変わる
①「打ち返し」の打ち方、受け方
②「掛り稽古」の掛かり方、受け方、捌き方
③要約的に説明をし、実際具体的にやって見せて、良い、悪い例を２、３ずつ示しながら①②の枠組みを決定していく（内容は省略）　20分

3展開（元立ち、24人～25人）
①「打ち返し」　20分
②「掛り稽古」　30分
③「懸かる稽古」（２～３分で息があがってしまうような地稽古、どんどん積極的に先に懸かる稽古）　30分

4見取り稽古
先生方同士の稽古を見る（とくに技の遣い方、決め方、稽古の組み立て起承転結に注意して見る）　30分

の総合的訓練を中核としながらも、A（構え力）とC（打ち切りと事後処理）の二つの局面を一つの局面に融合させ、中間局面を形成し（循環的運動）、ここの懸待一致内容の向上をもはかる「掛り稽古」を寒稽古として展開した。

ここでは大阪体育大学夏季秋田合宿において指導展開した技の懸待一致上達論を紹介しておきたい。

1　技学習の場面設定

日本剣道形は約九歩の間合と打突攻防の間合とをいったりきたりする様式を持っている。これを竹刀・防具剣道に移行させるならば、触刃と交刃の間合での技前の構えと間合の攻防（構え）に五秒程度の前付けが必要となる。

この前付けの間に、イ、両者ともにみずからの元気のポンプアップをはかり（集中力を向上させ、構えの充実をはかり、構えの三点ポイントをチェックする）、ロ、見て（観察〈オブザーベーション〉―観見二つの目付）、ハ、触って（触手〈イクステンション〉―剣先はセンサー）、ニ、捌いてみて（対応―構えと間合の攻防〈コレスポンデンス〉）、よみ・予測を立てる。

次に、この予測に基づく間詰めで、技前の主導的な攻めを構成する（三秒）。そこで初めて技が発現される。試合や互格稽古におけるこうした技使いの一般的な手順を予行演習することがこの場面設定による技稽古である。もちろん五秒、構えと間合の攻防のところはお互いの反発干渉によるせめぎ合い場面となり、よみ・予測には至らないことも事実である。

大事なことは両者交鋒の緊迫場面が創り出せたかどうかということである。その後の三秒の主導的な攻めの構成に約束通りに対応して、一本一本の技を丁寧かつ大事に習得していくことである。要は、このように技の稽古をしていくことによって約束を越えるなにか（例えば〈先〉というものの働き）をつかんでいくことである（技前の五秒、三秒のすすめ）。

2　「体中剣」の習得から

構えの懸待一致の第一を「足を懸、手を待」とする。踏み切りの瞬間に右拳と剣先とが若干遅れて動いているかのような体感を持つようにする。つまり体の中に剣を置いたまま打ち出す（一般的にはどうしても手が足よりも先に動いてしまうのが常である。下懸上待の二律背反的な意識作用を強く身体に持つことが大切である。形状記憶させることが大切である）。これを基本中の基本としてとらえ、体中剣の「正面打ち」と「小手打ち」とを学習する。

・ハセの拍子をとって体軸の縦の線（正中線）と横の線（肩の線）の十字架を崩さない。

・大きく振りかぶって打突する場合は踏み切り時に、左拳は額の前方上位一拳か一拳半のところから振り下される。中段の構えのまま鋭く小さく打突する場合は、踏み切り時、左拳はヘソ前一拳か一拳半のところから前方に突き出される。

・相手の剣先が表裏へ小さく外れる瞬間（面と小手と同じ打ち出しとなる）。
・近間の一足一刀から段々と遠間の一足一刀へ。足使いの三様（ジリジリと間を詰める・右左と一歩サッと入る・左足のみ間に盗み入る）を前付けて構えと入りと打ち出しがバラバラにならないように工夫する。
・しっかりと打ち切り、打ち抜けてから正対して構える。

3　技のB（a・b・c）の動作的レベルの懸待一致

打突の動作を反復、繰り返す（技の形を覚え込む—覚え込んだ形を自分のものにする）段階である。動作の技化への萌芽として、一律機会的なAとaの連結を前付けして、B（a・b・c）を連動させる段階に入る。

以下、懸待一致の上達論は①「懸（ゆくぞ）と攻めて仕掛け技（懸＝ゆける）で勝つ」②「懸（ゆくぞ）と攻めて、相手を引き出して応じ技（待—できる）で勝つ」③「待（さあこい）と攻めて仕掛け技（懸—ゆける）で勝つ」④「待（さあこい）と攻めて応じ技（待—できる）で勝つ」と四つのパターンにまとめることができる（図3）。

学生（若者）の技の使い方（先の取り方）の特徴はなんといってもつねに〈ゆくぞ、ゆくぞ〉と攻める先の取り方に徹することが最重要課題となる。〈ゆくぞ、ゆくぞ〉と攻めて簡単にいってしまわない（懸々破）、かといってぐずぐずとしていてちっともいかない（待々見苦し）にならない技の使い方の工夫が重要となってくる。

補足的に説明しておくと熟練老練者の「待（できる）と攻めて懸（ゆける）もしくは待（できる）で勝つ」という構え内容としての懸待一致力は、表層的な懸待から身体各部（上下、太刀と身）、内と外（中心力と対応力、心と身）といったより高度なレベルでの（ゆける）と（できる）の分離と統合が要求されていく。こうして向上から二律背反的意識作用を超え、やがては深まりへと移ってゆき、無形の先々の先（よみ・予測）や後の先（反射）の技の使いの極みである無心応に至るのである（図4）。

図3

①懸（ゆくぞ）と攻めて仕掛け技（懸—ゆける）で勝つ
- 狙っている打突部位が相手にはわからない。（上体待、静—中心力〈体・剣先〉）—どこを—
- 構えの懸待一致の高まり、打ち出しを消す。

（打ち出し前の足使いの3様—構えと入りと打ち出しを一つにする）—いつ—

剣先を利かして懸（ゆくぞ）と攻めて相手の構えを動かす（しむける）

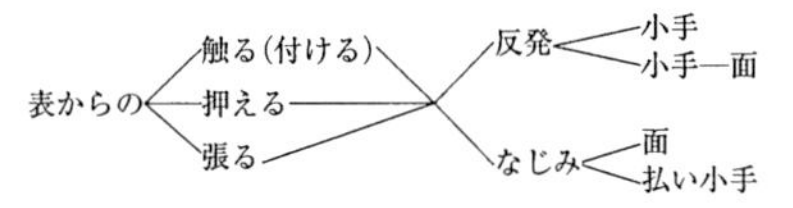

打突部位へ懸（ゆくぞ）と攻め掛けて（実際に打突して）相手の構えを動かす
〈フェイント技〉
・突きを攻めて相手の手元が上がれば小手（かつぎ小手など）
・上から乗って剣先を下へ回して右拳、鍔元攻めて手元、剣先の開くところを面（突き、片手半面などなど）
〈二、三段の技〉
・面に打ち込んで受け止めさせて胴に変化する（面（表）—胴（裏））
・小手に打ち込んで右腕、拳の固まるところを面に伸びる（小手（裏）—面（表））
・予測に基づいて3秒の技前の攻めを構成して一の太刀は直ちに打ち切る。決まらなかったとき、二、三の太刀は反射的に丸く使う（場面設定の大事、身体接触もふくめた中間の連続攻防—動中の静）

②懸（ゆくぞ）と攻めて、相手を引き出して応じ技（待—できる）で勝つ

出頭技（機の起こりをとらえて打突すれば仕掛け技のように見える—未発の発を打突する）　　応じ技

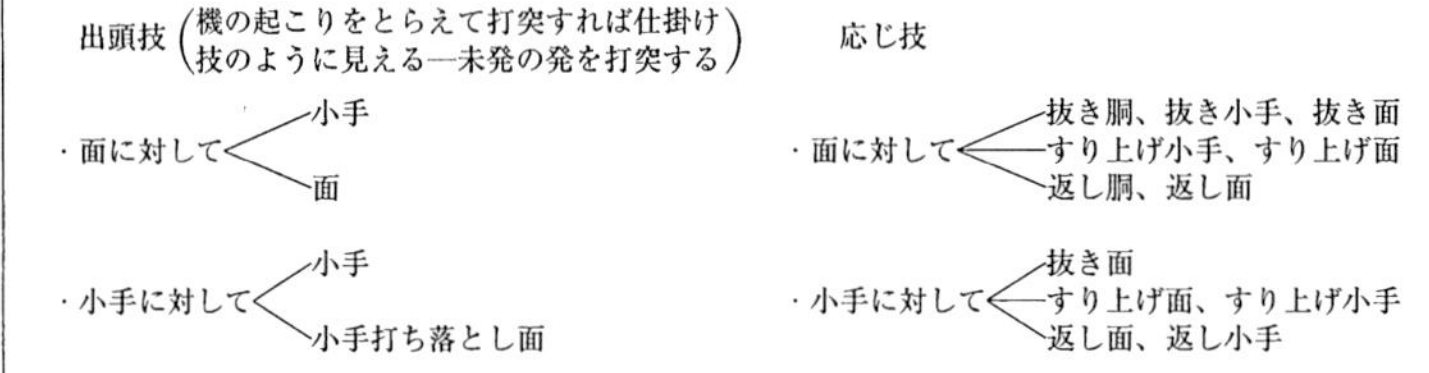

③待（さあこい）と攻めて仕掛け技（懸—ゆける）で勝つ
構えの懸待一致力の深まり
・内剛外柔の心気力一致の構え内容
（構えそのものが攻めとなる静かな強み）
・こちらからことさらのつくりを構成しなくとも、構えが澄んでいるので相手の力み、ゆるみ、気の起こりに即応して技を使うことができる。
現象的には仕掛け技であっても相手の心身のわずかなバランスの崩れや兆しに対して打ち出す技である。
その意味では、出頭技内容の技でもある（未発の発をとらえて打突する）

④待（さあこい）と攻めて応じ技（待—できる）で勝つ
「敵をただ打つと思うな身を守れ自ら漏る賤ケ家の月」の歌境での技使いということになる。
よみ・予測（先々の先）と反射（後の先）とによる技使いとが見分け難いのが特徴的である。

図4

心気現象	鍛練度合	Aの局面における構えの懸待バランス	Aの局面における構えの懸待一致内容の印象
溢れる気	若年	懸（ゆける）待（できる） 7、8対3、2	「いくぞーと攻めてなかなかいかない」（懸々破）
冴える気	青年 壮年	5、6対5、4	どちらともいえないバランスの中にある（詰まっていてピッと冴えている）
澄む気	熟年 老年	1～4対9～6	「さあこい」と攻めて澄み渡る（待々見苦しを戒める）

第九章

私のターニングポイント

松山北高校の恩師中原喜一

故郷編　誕生〜十八歳

私の故郷は四国の松山である。戦後間もない昭和二十二年一月一日、七人家族の一員として誕生した。家族構成は祖母（イワ・五十歳）、父（松夫・三十二歳）、母（ますえ・三十歳）、姉二人（博子、萬里子）、二歳違いの兄（光夫）、そして私である。貧しくも平凡などこにでもある農家の次男坊としてお正月生まれということで正夫と命名された。その昔十五万石の城下町松山の北の外れに位置する平田町は、有名な伊予柑の原産地であり、柑橘類と米麦作りとを生業とする農村集落である。人情や景色ののびやかさは我が郷土自慢であるが、陽春うららかな陽射しに照り映える全山新緑の松山城があり、五月には橘の小さくて可憐な白い花が一斉に咲き揃い、甘酸っぱい香りが村全体を包む。そして秋、澄み渡る空、夕凪ぐ海の深まりゆく彩りに色鮮やかな黄金色の蜜柑が山々を染め上げる。この春秋はまさに絶品である。

温暖な気候、海幸、山幸に恵まれ、そんな土地柄で育まれる人柄はおよそ戦闘心や武の文化とは縁遠く、日本でももっとも悠長といわれる伊予ことばが醸成されたところでもある。

1　鍬を竹刀に持ち替え週二回の夜なべ剣道指導

戦後物資の乏しい時代ではあったが、子供たちは遊びに熱中し、手伝いに明け暮れ、勉強は「そのうちに」と思いながらも強いられることは一度もなかった。遊びは、隣村の連中との石投げのケンカから、村の祝祭行事へののめり込み、海・山の幸採取、戦争・チャンバラごっこなど、野山、田畑、池、川、海すべての自然環境のなかで四季折々に行なわれた。新入りはたいていガキ大将から溺れさせられるという洗礼的かつ手荒い儀式のなかで泳ぎを覚え、大した怪我や事故もなく鼻タレ小僧の一員に加えられるのが常であった。

手伝いでたいていの百姓仕事をこなし、足腰が鍛えられた。当時の農作業は、いまだ人馬一体の弥生式農耕の延長線上にあった。農繁期には家族総出で、夜も明けやらぬ早朝から、夜は帳が降りてきても終わらない作業に精を出した。オヤジは朝めし前に一仕事を済ませ一日が始まる。いつも暗くなってからオフクロとともに家路についた。オフクロは地下タビのままで夕食の準備に取りかかり、食後の片付けを済ませ、しまい湯に入るのが日課であった。

それにしてもよく働く両親であった。子供ごころに雨降りや台風の日を心待ちにしたのは家族の団欒のひとときである「いい骨休み」を過ごしたいからに他ならない。「童心貫終生」としての第一番目の節目のときはこうした幼少体験のすべてであった。

昭和二十九年、沼川健郎さんを中心とした村のお百姓さんたちが鍬を竹刀に持ち替え、週二回の夜なべ少年剣道指導が開始された。当然のこととして村の悪ガキ・野山かけまわり軍団のほぼ全員が竹刀を握った。

私は七歳（小学二年）、オフクロ手造りの稽古着・袴で心弾ませ、雄叫びをあげた。兄はエースで一年後には松山市で優勝した。防具が村に二、三組しかなく、先鋒戦が終わると中堅に、次鋒戦が終わると副将へと急いで防具を付け替えながらの初優勝であった。ただちに町議にはかられ、あらたに何組かの防具が買い揃えられ、初めて我々も防具なるものを付けて思い切ってチャンバラ剣道に興じることができるようになった。

中学時代は野球部に所属し、キャプテンを務めたが、身体が小さく（一六〇センチに達していない）高校進学で悩んだことを覚えている。第一希望は松山商業高校（野球）、第二は愛媛大学農学部付属高校（農業後継者）、第三は松山北高校（大学進学・剣道）であったが、結局は進路を先伸ばしにするということで、兄の在学している松山北高へ進学した。

遠く明治の時代に松山出身の秋山好古、真之兄弟と正岡子規を登場させ、日本近代化の激動を描いた司馬遼太郎氏の長編小説『坂の上の雲』は有名である。この秋山好古が晩年校長を務めたのが我が母校の松山北高（当時北伊予中学）である。

2　三人の恩師から学んだ心

第二の節目のときである高校時代を振りかえると、佐伯蔵、中原喜一、作道圭二という三人の恩師と兄がいた。いまも幸福であったと感謝しているのは、全国大会へは個人でしか出場できない段階のクラブではあったが、年々クラブ活動が熱を帯び充実していくなかに身を置けたことである。

北高剣道部長の佐伯先生は社会科の担当で専門は東洋の歴史と思想であったと思う。決まって大会の翌日などには敗戦について直接的に怒ったり、とがめたりすることは一度もなく、プリミティブな原形質を基盤とする東洋思想を語られるのが常であった。人間として生きることの深遠さを説かれ、毎回敗者復活戦のレールを用意していただいたことに救われた高校時代であった。

中原喜一先生のかつぎ面の太刀筋は「わかってるけど打たれてしまう」といった老猫の術ならぬ、まさに高校生の素早い動きの者にも防ぎようのない妙技であった。

「見えとるのに、どないもこないも、でけんのおー」「ほおよ、おおいかぶさるようにゆっくりとくるんじゃけんど、いっつもあーくるボカーンじゃけん、いやにならい」

大波が打ち寄せるかのような朗々たる剣風であり、夏ともなれば、みずからの汗の湖に立つ先生の姿にいいしれぬ敬慕の念を抱く日々であった。故郷を離れて大学へ入学するときに頂戴した「一剣奉公」の色紙に対してどう生きるかの模索はいまも続いている。

作道圭二先生と私は、同じ平田町出身で一族郎党関係にある。剣道と初めて出会ったのも作道先生と弘亮父子の稽古場面だった。小学生になったばかりのある日、村の公民館からそれは異様ですさまじい声と音が聞こえてきた。「剣道とはなんと恐ろしいものだなあ」という強烈な印象が残った。

つねには、にこやかで柔和な顔つきの先生が一度、剣道の話に転ずるや、鬼神が宿ったかのような眼光を放ち、熱い語り口となる。その身振り、手振り、語りの抑揚と間の置き方に、みずからの体験的世界への陶酔感を重ね合わせて、周囲を知らず知らずのうちに魅了し引きずり込んでゆく。それは団十郎ならぬ男伊達圭二節の真骨頂であった。かみしめて思うに、〝汗〟というものに対する絶対崇拝と、その質量に関する剣道哲学であったと言えようか。

オジイサンの「本日は晴天なり、みな元気旺盛なり」という言葉の響は実によい。ボトボトの汗行に明け暮れる剣振家に明るさと勇気を喚起させる私の大好きな処世訓でもある。

ありがたいことには、こんな愛媛の地にも、とびっきり透明度が高く、深い剣心を育まれ続けてこられたお二人のような剣の師がおられたのである。

3　剣道の基礎を叩き込まれた兄の存在

そして高校では一年間、基本をみっちりと叩き直してくれ、中学三年間のブランクを穴埋めしてくれたのが当時キャプテンをしていた兄であった。兄は二年時には四国の高校チャンピオンでもあったが、全体の稽古がひと通り終ってからも皆の前で鍛えられ、「まるで兄弟ゲンカのようだ」と言われた。それにしても私にとってのこの一年間の意義はいまにして想えば計り知れないものとなった。

高校三年のある講習会の日、中原先生に呼ばれ「佐藤忠三先生に必ず一本お願いするように」と言われた。佐藤先生は中原先生の武専時代の恩師、勇んで稽古をお願いした。なんと先生は口のなかで鼻唄をうたいながらのお稽古であった。これまでの私の剣振りでは誰もがヤルかヤラレルかの尋常の立合ばかりであっただけに打っても打っても、何くわぬ素振りで小唄が止まらない老練で柔らかい先生のお稽古には得体の知れぬ奥深さを感じ、大きなショックを受けた。

「作道よく掛ったなあ」という中原先生の言葉がこのカルチャーショックに追い打ちをかけた。「一体剣道って何なんだろう」という思いはふくらみ、剣道の謎解き、百姓かの二者択一の進路選択となった。

インターハイの朝稽古に二日間参加し、初めて全国の先生方の稽古に接する機会を得た。東京高師出身の先生が多かった。「謎解きの大学は東京教育大学以外にはない、駄目なら百姓」と腹を決めた。

東京編　十八歳～二十七歳

「高師と筑波との間に挟まれた煎餅布団のような東京教育大学」。これは私流の言い廻しであるが、だからこそお互いに切磋琢磨し、無条件に仲良くしようというのである。ありがたいことに、この弱い後輩たちに対する高師出身の先生方の熱い思いは否応なしに年間行事に注ぎ込まれた。

佐藤卯吉先生をはじめとする錚々たる先生方が寒稽古、春夏の学外合宿、新入生歓迎会、卒業生送別会、卒論発表会、教育実習指導、祝勝会などへ数多く参加していただき、熱心にご指導をして下さった。こうしていよいよ第三番目の節目のときをむかえることとなる。

1　重厚さ、強さに魅了中野八十二先生

入学当時、恩師中野八十二先生は五十四歳、「昭和武蔵」と異名をとる先生に直接ご指導いただけるうれしさと誇りを誰もが肌に感じていた。先生には高校三年のとき、インターハイの朝稽古でお願いしたことがあった。その重厚さと強さにおいて群を抜いておられ、その剣風に魅了されていた。

入学を前にした秋田合宿で光栄にも私は先生のお付きとなり、先生の身の廻りのお世話をさせていただくことができた。朝、一分一秒でも寝ていたい新入部員の私は、夢遊病者のような足取りで先生のお部屋に行くと、布団はすでに上げられ、部屋中書きなぐられた紙切れの山。「おはようございます、遅くなって申しわけありません」と言って習字手習いの紙を片付ける。翌日は三十分早く行くも、また同様、翌々日はもう少し早く……。情けないことに、ついに一回もフトンの片付けのできないお付きで終わってしまった。

早朝のランニングにもみずからのペースで参加され、私の不足分については小言一つない。何くわぬ顔で一修行者としての立場を貫かれている姿に深い感銘を受けた。入学後は公務にお忙しい先生の稽古は週三回くらいと記憶しているが、なんとしても「必ずお願いする」と一念発起しての入学であ

った。

どの先生がお願いしても見事に遣われる先生であったが、我々学生との稽古では機会のよい技はときどき打たせてくれるのが常であった。でも大学院にすすんでからは専門家への道を諭されるかのように一本も打たせてもらえない厳しい稽古となり、さらに上をめざす稽古への意欲をかきたててくださった。

2　甘えること頼ることは許されず

先生とは全国各地の講習会などへもよくごいっしょさせていただいたが、よほどのことでないかぎり若者としての蛮行、勇み足を直接的にはとがめることはなかった。そのかわり今日、この場で何が求められているかがキチンとわかる人間になることが求められ、そのためのプログラムはなんの容赦もなく用意されているのが常であった。

言わば甘えることも、頼ることも許されない、みずからの名と責任において「自分で自分を自分する」ことの生き方や修行態度が求められていたことを何度も実感させられた。

東京教育大学以外に、都立の北豊島工業高校定時制（二年間）、日比谷高校（二年間）、慶応義塾大学（四年間）が私の在京時代に関わった剣道部である。大学院と研究室の教務補佐の五年間はしだいに稽古量も増え、精力的に授業や研究会などをこなしながらも四、五年目に入った頃には、週十回～

十二、三回の稽古をこなすことができた。
野間道場をはじめ警視庁、皇宮警察、日本武道館などへの出稽古を重ねるなかで、中野先生が「やっと動いた」という感触が持てたときの身振るうような興奮と感動をいまも忘れることはできない。

恩師湯野正憲先生との出会いは以後の私の剣道人生を大きく決定づけることとなる。このことについては次章で「湯野剣道論」として稿を改める予定であるので、ここでは割愛しておきたい。

大阪編　二十七歳〜五十五歳

1　ライバルの一言で大阪行きを決断

昭和四十九年四月より大阪体育大学へ助手として勤務することとなった。前任の塩入宏行先生が埼玉大学へ転勤をされるということの後任人事であった。決断のつきかねていた私は新大阪で歯科医院を開業していた太田欣之氏（現教士八段・小豆郡剣道連盟会長）に相談を持ちかけた。

彼との出会いは、高校二年夏の四国大会のときであった。下手クソであった私に比べて、彼の剣道は洗練されていて、非常に伸びやかでダイナミックでカッコよかった。そのとき、私などは彼の眼中にはなかったそうであるが、強烈な印象を受けた私は一方的に「来年勝負しようや」と挑戦宣言をして別れたことを覚えている。

一年後の四国大会、「お前どこへ行くんや」と、彼から声を掛けてくれた。「ワシなあ、東京教育大へ行こう思とる」と言うと、彼の口から「オッ、教育大か……。オレも行こうかなあ。イヤ、兄貴が教育大出身やからなあ、歯医者になるか迷うとるんや」とこんな会話交換があった。

残念にも二人の対戦は実現しなかったが、大会以後二人の仲は急速に接近し、小豆島と松山、来たら翌日には投函するという具合で週一回の文通が春まで続いた。いまであれば携帯電話かメールでということになるのであろうが、当時のことである。

「オイ教育大へいっしょに行こうぜ」

「うーん」と彼の呻吟は続く。ついに彼は大阪歯科大学への進学を決定した。机の上には山と積まれた手紙が残され、ただ彼との文通を通じて私自身の教育大への想いがより鮮明になっていったことだけは確かであった。それから九年の歳月が流れた。

「何してんねん、早よう来いよ」と電話口の彼の弾むような一言に私の大阪体育大学への奉職の心は決まった。こうして「二人でいっしょに剣道やろうぜ」という夢追いが十年目にしてやっと実現することとなったのである。

2　長谷川先生に学んだ一本の重み

大阪では、吉田誠宏、長谷川寿、長田為吉、川上徳蔵、重岡昇、杉江憲、池田勇治、西川源内、木戸高保、小森園正雄、西善延といった多くの錚々たる先生方に稽古願える幸福に感謝せずにはいられなかった。

とくに長谷川先生には悪びれずに（こういうお願いの仕方をしなければ……。こうしてはいけない……）という雑念に余りとらわれることなく、そのとき、その年齢の精一杯の技使いを先生の剣道にすべてぶつける、そういう気持ちで懸かる稽古の不足を補うこともふくめて、懸命にお願いできた。

こうして、三十歳代の十年間という四番目の節目のときをありがたくも過ごすことができたのであった。この十年間で見えてきたものは何か、なかなか筆舌に尽くしがたいものがあるが、長谷川先生のお稽古が段々とわかってきたということである（できるということではない）。

それは「無理に自分から仕掛けるのではなくて、柔らかな充実体のままに（持田先生の〝攻勢〟の持続）攻め続け、その攻めに相手が居つくか、ゆるむか、気が動くか、とにかく構えに変化が生ずるか打ちを出すか、あるいは退るかする。この相手の崩れや動きの兆しや変化を直ちにとらえて技を出す」。この真の打ち一本の重みである。

この十年間は体力的なパワー、スピードは少しずつ下向期をむかえてはいったが、総合的にはみずからの「心・気・力」の充実期を実感できるものであった。でも、長谷川先生に懸かると決まって三分くらいで息のあがる稽古の連続であった。外側から見ると十年間変化なしのように見えても、構えの充実、技の打ち出しと打ち切りの厳しさ、そして打突後もゆるみ、抜けのないというこの期における攻勢の持続内容は確かに少しずつではあっても向上していることが実感できた。

3　真機に真打ちを放つ

それでも十年間変わりなく三分間で終わりである。技を出す回数こそ若干は減少してはいったものの、最後に一本（打ちそのものは軽くとも毎回毎回、私にはこの上もない重たい打ちであった）、先生のこの真打ちで終わるのが常であった。

三十六、七歳の頃であったかと思うが、ある酒宴の席で「毎日の稽古はどうしているのかね」と詰め寄られたことがあった。「はい、学生との稽古とは別に、短い時間でも独り稽古を十〜十五分間くらい心掛けています。構えの充実と打ち出しを中心に、相手の構えや攻め方のイメージを設定しての内容ですが……」

すると「独り稽古は大事だよ。そう、それはいいですね。しっかりと工夫してみなさい」と言葉をかけていただいた。私のすすまない稽古内容が気になっての温情であったかと、深く感謝し、反省をした一献であった。

大学院時代に「湯野さん、そこは退るところではありません。出るところでもありません。じっとしているところでもありません。打つところでもありません。さあどうする、と持田先生が迫ってくるんだよな」と湯野先生からお話をうかがったことがあったが、そのときは理解できず、そのままにしておいた。四十歳に近くなって、長谷川先生とのお稽古のなかで実践はできないまでも、頭とイメージでは理解することがやっとできるようになった。

先生は相手に花を持たせ（世阿弥流に言えば、為手）、真打ちではない技で打たせながら、自分の構えも気持ちも動じてない攻勢を持続し続ける。そしてまさに「真機に真打ちを放つ」ことに徹して、私のような若い為手とお稽古されていたことがありがたいほどよくわかったのである。

4 仮死体験をした厄年

四十一歳、男の厄年「回盲部多発性穿孔性憩室炎」という長い病名。大腸、小腸の内にいくつもの袋ができてそこに炎症が起きているという。開腹して、大腸、小腸おのおの三分の一ずつを摘出した。術後順調に回復したが十一日目に食べた物が外に排出されない。腸部の癒着の恐れあり、再度開腹手術の必要性ありと谷岡恒雄院長（現在教士七段）は言う。

再手術すればひょっとすると、もう剣道ができないかもしれない。不快感満載のなかで、なんとも形容しがたく、これまでに経験したこともない、得体の知れない底知れぬ不安に襲われた糞袋人間の八日間であった。

この八日間、私にできることと言えば「まだこの私が必要ならば生かせろ、必要でなければ持っていけ」とうそぶきながらこの不安と闘うことのみであった。そして術後のことでもあり、点滴治療と相俟って祈るようにベッド上で、呼吸に意識を込めて収気の術ならぬ浅い内臓マッサージを繰り返すことのみであった。

幸運にも起死回生の逆転打が飛び出した。突如として天地がひっくりかえるかのように体内にグルグルグルという大音を轟かせて何かが廻り出した。急いでトイレに駆け込むと「バケツ一杯の水」がぶち撒かれるかのような大量の排便で救われた。

この大げさなようであるが仮死体験のような日々。「歩々清風生かされ生きるわが身かな」他力のなかに自力の生をまっとうする生き様の大事を知った。こうして五番目の節目のときをむかえたのであった。いままで反省工夫を重ねつつの剣行であると自負していたものが、何のことはない日々忙しく、やりっぱなしの前へ前への駆け足的であったことを思い知らされた。学生との元気印の稽古だけでは駄目であることも痛感した。

二ヶ月間もの入院生活、これだけの長時間、相手なしで動かないでベッドの上で稽古する機会が与えられたこと（ケガの功名）の幸運を喜びたいと考えるようになった。

術後、他によって生かされていること（他力）に気づかされ、このことに感謝して、みずからをよりよく生きる（自力）ことのありがたさに喜びを感ずる生き方を展開していきたい、と願うようになった。

5　剣道が元気回復の起爆剤となれ

「攻める側には余力があり、守るものには力足りず」というのが兵法の教えであるが、この説くところは深遠である。短絡的な理解による現象的な攻めを透過した「攻勢の持続」内容への模索は続く。約一年間無刀流の極短、極太竹刀から三尺四寸から六寸にわたる短い竹刀使いの工夫にはじまり、二年目は三尺九寸を常寸としながらも、時折短い竹刀をつかいながらみずからの心の怠慢さと不足分を省みることに努めた。

短くなった腸の機能がどれ程のものか、消化吸収能力の低下による下痢症状に悩まされながらも、みずからの身体の変化に対する対応と自己観察とともに稽古を続けていった。

ふと気がつくと、下痢症状に加えて、身体の中心線の感覚にズレが生じてきていることに気づいた。このズレ感覚の修復に三年、不本意ながらも一応の中心力回復にそれから二年、下腹と背腰同量の緊張感による「ハセの拍子」が取りづらく、稽古が過ぎたときの腰の歪みの調整に苦しんだ。

「無きを恨まず有り合わせ精一杯の剣心花打発す」「一撃を地軸に放ち溌溂凛」こんなことを念じながらの四十歳代の剣振りであった。こうして大病を機に、人よりは少し早くみずからの身体的変化を意識する機会を頂戴した。

一瞬、「四十にして惑わず」の心境にいたったかに思えたものの、やはり自己中の感は否めず、とくに家族生活にあって「生かされ生きる」という信条を十分生活化していくには至っていなかった。五十二歳のときに気丈な母と、ガンとの闘病三年あまりの妻を春秋に亡くしてしまった。

道元禅師の「華は愛情に散り、艸は棄嫌に生うるのみ」とはよく言い得て妙である。失意のときを体験し、昨今はままならぬ人の世の「生老病死」という四苦を味わいながらも淡々として生き抜くことの術を身に付けつつある。「五十にして天命を知る」には程遠いが、やっと剣への無尽蔵なる想いが沸々と再燃しはじめている。日本社会はいまや、少子高齢社会に突入し、行く先の見えにくい閉塞感が漂う。剣道という文化が、青少年の元気回復の起爆剤となり、高齢者にとってみずからの死を見すえ美しく老いていく気骨ある生き様をサポートするものとならんことを願う。

「心気力一致」の剣振りを具体的には「懸待一致」の剣振りとしてとらえ直し、初心者の幼少年から高段者である高齢者に至るまでの「懸待一致」内容の解明と指導・修行理論の構築を目指したい。厳しくも向上（自己の上達）と下向（指導）とがつねに同時であることを念頭に置き、これからは、いよいよ中野、湯野、長谷川といった諸先生方から頂戴してきた教えやイメージを具現化していく課題に立ち向かっていきたい。

第十章

湯野正憲剣道論

勝浦駅で写す

絶対的ゴール論と相対的方便論

湯野の弟子たちは誰も皆浅学非才ではあっても、師を超えて生きることをおのおの気骨としている。この章だけでもって難解とされる「湯野剣道論」を展開することはまったくもって不可能という他はない。しかしながら、みずからの剣行の至らなさを顧みずあえてこのことに挑戦してみたいと思うのである。

まず俯瞰（ふかん）的立場から「湯野剣道論」を鷲掴みにする暴挙を企ててみよう。一つは、「瞬間々々の自己創造」という絶対的ゴール論であり、二つには、「意味のある相互作用」という相対的方便論ということになるであろう。

1　この世は自分を見に来たところ

前者は、時代性や民族性を超えて、あらゆる人間的行為全般を貫く、いわば〈人類の意志〉の表明である。陶芸家河井寛次郎の表現を借りれば「この世は自分をさがしに来たところ、この世は自分を見に来たところ」（河井寛次郎『いのちの窓』東峰書房）ということであり、あらたなる自己との出会いとしての「自己発見」と置き換えることができよう。剣道という特殊的本質性としての〈のっぴきならなさ〉が、「瞬間々々」ということになるのである。

師湯野が青雲の志を抱いての武道専門学校受験に失敗する。その失意のドン底にあるとき、澤木興道老師の講話を聴く場に遭遇するのである。そのときの言葉は「天地を貫いて私の心の真中に入り込んできて、今日に至るまで灯は消えず燃え続けている」と言わしめている。その言葉とは「剣道とは、刀を手にし、方便に従い、相手を前におき、仮に勝敗を論じ、真の自己の、いまの、ここの、精一杯のはたらきを鍛練し、人生を創造することである」「向こうを向いてゆくばかり」「くよくよしてはいかん、勝ったの負けたのとらわれてはいかん、何も出来やせん」「あとさきの、いらぬところを思うなよ。ただ、なかほどの自由自在を」であり、肥後は雲弘流の教えであった。

「瞬間々々の自己創造」とは、このとき受けた衝撃的霊感を一生涯あたため、咀嚼（そしゃく）・吸収し尽くし、みずからと剣道を貫く背骨として生き抜いてきたことを物語るものである。

2　あらたな価値基準を創造する

後者は、竹刀を持ち、方便にしたがって相対的に行なわれる「打つ、突く、かわす」剣道という運動の一挙手一投足のどの行為をも、人間としての自己存在の意味や価値を開示する現象としてとらえようとするものである。師湯野は、今日社会における文明的基準の行き詰まりを憂い、そのなかにあって、この剣道の「意味のある相互作用」をつねに人間の生命とその生き方の問題としてとらえようとした。

つまり、この文明的閉塞感やあてどなさに対して、あらたなる価値基準を創造していく文化現象としての視座の重要性を強調する言葉である。

この相対論の立場は、ややもすれば〈手段—目的〉〈原因—結果〉といった功利主義や勝利主義に腐食されがちな結果論の世界に陥る危険性を持っている。と同時に、過程重視の道の思想やゴール論的な世界観である絶対論の立場に限りなく近づいていく可能性も介在させている。言うなれば、絶対と相対の場面の往還を通して剣振りによる技法、心法をふくめた人間生成的課題の前に立つのが湯野剣道の真骨頂なのである。

〝一剣に托して習う自己なれど　そこんところをいったりきたり〟ということになろうか。

静岡インターハイで師湯野と邂逅（かいこう）

高校時代、剣道部長であった佐伯蔵先生より「海坊主のような御人が居る」という話を聴かされたことがあった。それが後に師と仰ぐ湯野正憲先生であった。

「プロレスラーのように筋骨隆々で真黒に日焼けしていてたくましく、坐相の姿そのままに全国の専門委員長会議の席上で剣と禅の話をしよった」と言うのである。

佐伯先生にすればその風体と話しぶりに強烈な印象を持ったのであろう。高校生である私たちには、漠然としていてつかみどころのない話であったことを覚えている。高校三年の静岡インターハイのときに、「これが湯野先生か」と、その中央に屹然（きつぜん）と坐られているお姿にかつての佐伯先生のお話を想い出したが、それほど取り立てた印象を持ってはいない。

1　感性でつながった珠玉の言葉

大学に入学し、一年先輩の大塚忠義氏（高知在住・剣道教士七段）と親しくなり、彼を介して接近していくこととなる。二年生のいつの頃であったか「剣道を習うことと自己を習うということが一つにならなければいけないんですよ。そうしていって、このことが深まって行けば行く程関心の領域もどんどんと広がっていくものなんですよ」という生き方を納得するようになってからは、難解なお話しの一つ一つが感性的につながっていくようになった。

四年生になる春、将来の進路を決めかねて郷里で悶悶とときを過ごしているところに師からの一通の手紙が届いた。初期の目的通りに郷里愛媛へ帰って教職に就くか、大好きな大阪に奉職するか。それに結婚を考えている和代（教育大学同級生）の就職問題をどうするか……。

「私もその昔、郷里の球磨川の土手に寝そべって将来について思い悩んだことがあります。ここの何年間かが貴兄の剣道にとって大事な正念場であることを確信します。身近に居て、我々といっしょに剣道と勉強に励みませんか。是非共東京に残ることをお奨めします。云々」とまさに私のそのときの心情をピタリと察した恩情あふれる文面であった。

何度も読み返しながら、水面に一石を投じた波紋が拡散しつつ消えていくかのように、胸中に巣作る雲霧はまたたく間に掻き消されていった。両親や松山の先生方への不義を詫びて、「よし大学院だ」と腹は決まった。

2　郷里の松山で結婚、命がけの仲人

それから一年、大学卒業の節目の春、私たちは郷里の松山で結婚式を挙げることにした。もちろん仲人は恩師ご夫妻にお願いをし、こころよくお引き受けいただいた。しかし、公私ともに学期・年度末の多忙を極める師にとって大変な犠牲をはらわなければならなかったことを後で思い知らされることとなるのである。

師は五十歳を前後して、背骨・腰のヘルニアや重度の心臓病を患っておられ、仕事処理のご無理も手伝ってか、折悪く出発の前日に体調が急変された。青息吐息の夜を明かされ、奥さまもみずからの心臓病を抱えて寝ずの看病であったとか。松山空港におむかえしたときのお二人の顔面蒼白の形相に絶句し、只々恐縮する他はなかった。

病を押してここまで来ていただいただけでも、もう十分にありがたく、休んでいただきたいと願う

が、こうと決めたら頑として聴く耳を持たれない。まさに「生命がけの仲人」となった。先生のご挨拶のときには、奥さまは立って屏風にもたれかからないと立ってはおれない状態で、式後の宿泊ホテルでもお二人とも何一つ食されなかったと聴いている。その恩情と情念に涙を隠し切れない私たちであった。

大体大へ赴任。師の元を去る

昭和四十九年三月、大阪体育大学への赴任のご挨拶とお別れに飯田橋の警察病院の病床へ伺った。長年に亘るご無理の積み重ねがついに逃げ場のない所にまで師の身体を追い詰めてしまっていた。主治医からは剣道は絶対にやめるようにと引導を渡され、生死の狭間をさ迷い、不安と葛藤のドン底にある師の元を離れていこうとする非情の弟子が居た。

「おゝそうか、行くか」「医者からは二度と剣道をやっちゃいけないと言われてしまったんだが……。これがいまの私の剣道デッサンの走り書きです」「大阪行きの記念にと思ってしたためておきました」「身体に気をつけてしっかりとやってください」

いつもの流暢な語り口とは異なって、訥々（とつとつ）と短く区切り静かに話された。病室を出るまでは決して涙は見せまいと固く心を縛ってのお別れであったが、師の淋しげで物腰柔らかな目に、うるうると涙溜めての微笑のお別れに思わず一筋の涙がこぼれ落ちてしまった。

1　手向けのスケッチブック

病院を後にした帰り道、スケッチブックを開いたときにハッと息をのんだ。それは内容というよりも文面を見て堪えていた涙が一挙にとめどもなくあふれ出たことを記憶している。苦しそうなペンの運びと息遣い。字の乱れや、誤字、脱字、文章表現への修正の書き込みである。師の思いがひしひしと伝わってきた。気を取り直して、車窓に目を移し、どんな境遇になったとしても決して弱音を吐かない、起き上がり小法師のような師の生き方を見続けてきたではないか。この病状もこのお別れも、私さえしっかりと地に足をつけて懸命に生きさえすれば、師は必ず元気を回復されていくに違いないと念じるしかなかった。こうして暢気トンボの弟子は師の元を去っていったのであった。

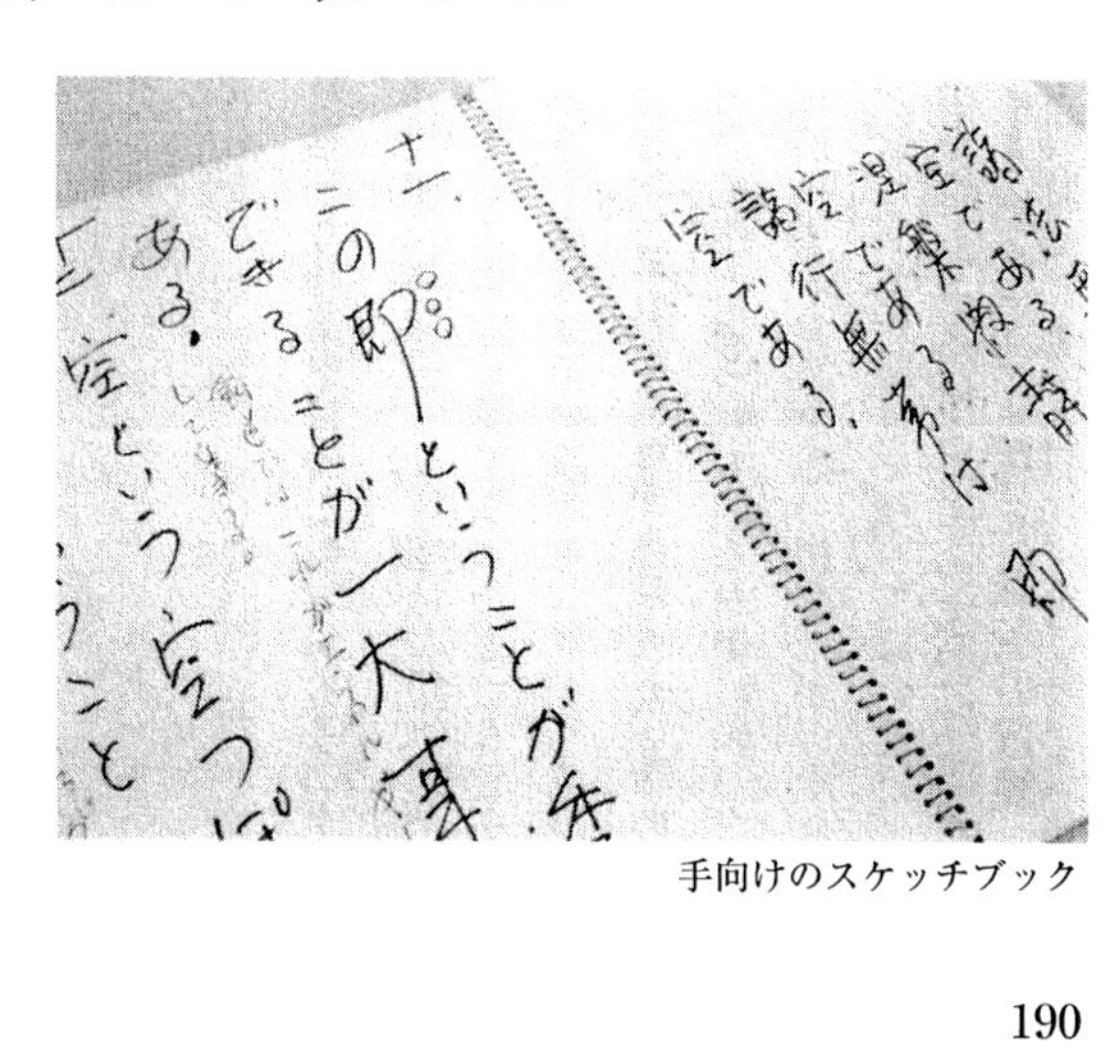

手向けのスケッチブック

果たせるかな師は葛藤を葛藤し抜いて心の元気を見事に回復されていくのである。そしてこのことに多くの時間を必要とはしなかった。それはあたかも荘子のいうところの「人の生は気の聚（あつ）まれるなり。聚まれば則ち生と為り散ずれば則ち死と為る」（知北遊篇）とみずからの生命をとらえ、元気に始まって元気に戻るだけの営みとして達観されたかのようであった。

その後六年間に亘って〈坐禅〉と〈立稽古〉によって新境地を拓り開いていかれるわけであるが、この立稽古の原形がすでに手向けのスケッチブックの内容に盛り込まれてあることに驚く。まさに立稽古法への構想とイメージがこの入院治療中に膨らみ練られていたのであり、シナリオ的には、いわば、この入院は「湯野立稽古法」出産の陣痛であったと言えなくもない。

2　佛法の空境から剣法を説く

ここでは手向けのスケッチブックの内容をそのまま紹介しておきたい。

諸法無我

空　涅槃寂静

諸行無常

縁倚而生

一、剣道の究極は一切皆空ということが自得できることである。これを一と言ってもよい。

二、自得出来るということは本體（ほんたい）が解けるということである。

三、本體者は體の事理なり（嘉納治五郎）。

事はわざ、理は心と考えてよい。但し事は単なる技の意味ではなくて、昔の人は業といった。これはわざだけでなく、技につれての頭部、腰部、胸部、手腕をふくんでいるという意味である。運動としての體を解くことが大切である。

四、本體を解明するのには構えを解くことである。構えができるということである。

五、構えは不動の構えである。

六、不動の構えというのは空の構えである。

七、不動というのは動あり、不動あり、不動というのは不無動（動ならざるなし）不無不動（不動無らざるはなし）をふくんでいる。

八、動、不動、不無動、不無不動は動いてやすまずということである。道元は正法眼蔵のなかで〝柔軟心〟と喝破している。

九、表現をかえれば

空

諸法無我

涅槃寂静

諸行無常

である。

十、諸法無我は即空である。
涅槃寂静は即空である。
諸行無常は即空である。

十一、この即ということが透脱できることが一大事である。剣道ではこれがエネルギーとして生きる。

十二、空という空っぽがあるということではない。宇宙のなかに八方にひろがって工られているということである。

十三、因縁而所生である。諸法無我、涅槃寂静、諸行無常、これ即因縁して断絶せず修証一如である。

十四、一方を證するときは一方はくらし、非連続の連続として一切皆空である。

十五、構えの表現は色々人によってあると思うが究極的にはむかえの構えであり、打突の構えではない。むかえというのは滞っているという意味ではない。迎へと表現しながら諸法無我であり、変化に応じることの出来る本體そのものである。
先、先先の先、後の先をふくんで諸法無我、涅槃寂静、諸行無常、構えそのものである。

十六、なさずして自ずから然あらしむる本體の構えである。
この構えに住して而も滞らずあれば打ちを出すとか出さないとかというこだわりが消えて、

花は美しいと思うのである。

十七、この病室の花をみてよくそれが見えるし、然も諸法無我、涅槃寂静、諸行無常が花の姿そのものである。

十八、自然體に構えると體のおさまりが八方につながり、身体各部のつながりから自然に両足の踵が腰の力といっしょになって軽やかに大地から紙一重浮くのである。浮くというのははなれるという意味ではない。

十九、出るにも、応ずるにもとどこおらない本體の表現である。但し、踵を浮かすと言葉で表現すると意味が軽くなり誤解されやすい。

二十、本體の構えが出来るのには、〃ウラスジ〃で自然にしめて構える。しめ具合は、佛の姿の頭、首、胸、肩の線から両腕におりてくる姿の優美さのなかで知ることが出来る。このことについては師匠さんがいることが大切である。

二十一、構えが出来たと言っても止まりやすい。目付けが変化のなかでとまるのである。

二十二、物を見ないことである。うつるのである。花の美しさにうっとりとして即、諸法無我、涅槃寂静、諸行無常がうつることである。うつると言葉に出せば、それは言葉であって〃如〃そのものではない。自分が花になるのである。

二十三、左の拳は極め手として大切である。自然に本體におさまって不動であり即動であり、堀口範士九段の御手がそれである。

二十四、物（現象）を見ないということの意味は坐禅のときの目付けが真実であり、一般に冥想して眼を閉ずるのでなく、まなこ閉じず自然現象のなかに在りながら相手の心の働きが見えてくるのである。

二十五、打たれたとき、ハッと迷ったとき、目付けもとまる。そこを脱却できる本體を会得することであり、それが本體である。

二十六、攻めというのは瞬時もとどまらない相互作用のなかで、諸法無我、涅槃寂静、諸行無常の流れのなかに互いに感じ合う一種のうづまきのような圧である。高まり微少になると相抜けとなり、本體がくづれないので攻めという表現にはならない。花が咲いている風情である。

二十七、攻めの表現をたとえれば、京都のお茶屋さんで出会った京都天龍寺の管長関牧翁老師の書に　水月倶悠々（すいげつともにゆうゆう）というのがある。
所謂（いわゆる）諸法無我の心境であり、涅槃寂静である。

但し、水月倶悠々の関房には「獅々吼（ししく）」とある。このエネルギーの充満こそが水月倶に悠々空である。攻めとは獅々吼であり、水月倶に悠々である。あとはあなた任せである。

二十八、森田文十郎師は私に攻めを「相手に対する圧」を「下から」という縁で示された。

「下から」、私の解釈を入れれば、ウラ、下から、それが私の剣道をすすめた。そして下からにとらわれないで、構えのままで中紐(ひも)のところにはいって行く、本體ができていると相手に対する圧は大きい。この場合、左拳を出しすぎず、本體のままの左拳である。後は相手の変化によってわざも生ずる。

二十九、森田師の「下から」の攻めに通じるものとして小川忠太郎範士の本體がある。師は相手が攻めて出るのを形の上ではむかえるようにわずかに左拳を締め、右足を左足にひきつけ体重を左半身にとって面一本に出られる。このことは病後の私の剣道を導くものであった。師は相手の攻めをむかえる所作を、あれは〝切り落とし〟であると言われた。ここでいう切り落としの意味は物理的に接していての切り落としでなくて、空間における切り落としもふくむ。だから本體がくずれないで出合いの面が決まるのである。竹刀の動きの速さを意味しないし、打って出た技が相手に対して表になるか、裏になるか無関係で自然であり、結果的現象である。

三十、小川師の攻めと異なるのに堀口師の攻めがある。この本體の構えは最近私に素晴らしい光となって見えるようになった。先、初太刀一本にとらわれていない豊かな剣風であり、私の解明した剣道の本體としての構えである。

三十一、小川師、堀口師の剣風をあわせて創りあげていきたいのが私の念願である。

問題点は一つある。

小川師の間合と堀口師の間合の違いである。この違いの本は何かをさぐりあてたい。

三十二、道元の教へのなかで〝修證一如〟ということがある。いまだ修せざるにはあらわれず、證せざるには得ることなしと。芸道では、剣道では師匠がいなければならない。修證一如の道程で本體をたしかめ合う剣道でなければならぬ。

三十三、剣道が文化の特性としてのこるものがあるとすれば、この修證一如の剣道がのこることの意味であり、師承、師匠と弟子である。

剣道専門家がこの剣道へ到達しなければ世のなかに盛んになっても結局真実は消えて行くのに外ならない。

三十四、柳生の橋本老師は私に〝山々雲〟の心を残された。行く先はわからぬ、山々雲である、ここに、いまいる、どちらの道に通じているか誰も知らぬ、だからおもしろいのである。

剣道の本體が解けてきたのである。悠々として咲いている花が美しくも美しい。

三十五、空遠く涯しなし、鳥飛んで鳥の如し

水蒼く底に徹し、魚の行く魚の如し

浧風流

三十六、心ときにあり、とき心にあり　剣風颯々

昭和四十九年三月
生死去来
艸生剣士
正憲

湯野師の立稽古

坐禅に対して立禅すなわち仁王禅ならぬ厳寒の屋外での一時間余りの直立不動の立稽古は続く。師はその無法さを知ってか、私のなりゆきを見守りながらみずからの闘病生活のなかで構想を暖め、醸成してこられてきた立稽古を開始する。

とくに、五十七歳にして心不全一歩手前で緊急入院して以来の病中・病後の葛藤のなかで、みずからをここまで運んできた剣に対する無尽蔵の信仰の象徴と具体として生み出された。それは禅修行の基底をなす「只管打坐」にあたる「只管立稽古」であり、「師承坐相天眼一流・未発の剣―立稽古」と表明された。思うに曹洞禅の師澤木興道―横山祖道両老師の坐相と命脈する剣の河の流れということであろうか。互格稽古が許されない状態にあって、足が組めず頼みの坐禅すらできないなかでの独り稽古法でもあった。湯野師は柳生芳徳寺の橋本定芳師の「山々雲」の教えを頂戴した。

「無刀取りはない、無刀の心、無刀のかまえ、剣道を修業するということはその心をたずねる心になる、いやなるかならんかわからんけれども無刀の心、無刀のかまえ、それをこつこつ鍛練をし、心を込めてくり返しながら生きて行く。一生懸命に修行をしたからその道に達する無刀の心がわかる、無刀のかまえができる、だから一生懸命修行するんだ。そのような時間的に空間的に未来に到達するであろうからがまんをしてやる、そのような考えではない、到達するかしないかわからない、到達するという言葉の概念のなかには、到達できない不到という概念もふくまれている。それならば剣を求める一人の人間がいまここに立って、剣をはなれることが無くてこつこつとして心身を投げうってやるということの意味は、一つの到達する手段のためにやるんでなくして、一生懸命やってもそれが到達するかしないかわからない未来にあるんでなくして、いまここにこうして心を込めてくり返す、そのなかに自己も世界も未来も、いや過去も現在もわすれて剣がある。そのような剣を求めなければ意味がない。やっと私も、その目的そのものに会い、しかも手段もふくみ、しかも目的、手段すらも忘れて、至る至らないも関係なく、剣を離れることができない、剣に生きてきた月日を使い果たしてもおしくないという気持ちで剣を求めなければならないし、私自身もそのような大きな夢とこれに賭けてもおしくないと言う自分の人生を歩き続けて来ました」

と『艸生庵残筆』の「正憲独白」にあり、この心意での「只管立稽古」であった。

こうして、この師湯野の「坐相天眼一流未発の剣立稽古」の成果は昭和五十三から五十五年の京都大会での三回の立合に観ることができる。

1　昭和五十三年西川源内先生

昭和五十三年は奈良の西川源内先生との対戦であった。立ち上がり西川先生が息を詰めてジリジリと間を詰め先を懸けて打突の機会をうかがう。そのうちに何本か厳しい打ちを放たれたが功を奏さない。一方の湯野師は他力本願を想起させるかのように、相手の成すがままに任せた（施無畏（せむい）　施すことに畏れ無しと捨てきって任せる）「無心応」の構えで対するのみ。師のこの間の経緯を知っている者にとってはさまざまのことが胸中をよぎる。背面の美しさはたとえようもなく尊くありがたい姿。西川先生の攻めと打ちに対して背骨が微動だにしない。いいしれぬ神々しさが漂う。一瞬、胴への変化で背骨が動く。また次の瞬間には同様の攻防が続く。相互の闘いがこんな姿まで昇華されるものなのかと、このときほど強烈な印象と感動を覚えたことはない。

「先生、途中の二度ほどの胴への変化の崩れがなかったら人間じゃなかったですよ」

「う～んそうようなあ。それにしても源ちゃんの剣心の深さがわかってうれしかったよ」と。

仕合う前の溜りで出番を待つとき、自分で作った「人間のうた」を一人静かに歌いながら、何年かぶりで立合のできる不安と喜びを噛み締めていたことは、いまは知る人だけの知るところか。

2　昭和五十四年中村廣修先生

昭和五十四年は水戸の中村廣修先生との対戦であった。中村先生は立合いからどんどん積極的に機会をつくって手数多く打ち出される戦法。師にとっては苦手のタイプである。一瞬とまどいながらもいっしょにならなかった。別な表現をすれば取り合わなかった仕合と言えるだろうか。もしも打たれたくない、打ちたいという意識が強く働けば動じて崩れてしまい散々な結果になってしまったであろうことは容易に想像できた。あれだけの攻めと打ちに見舞われながら、それにとらわれなかった心境がありがたかった。

小川忠太郎先生はこの仕合を「相手が技でくるのに突っかけるのはやすいが、突っかかるまで修行するのは容易ではない。本体が決定しないとで

京都大会における西川源内範士との立合

きるものではない」とある講演のなかで評されている。さびしそうな先生に「先生、あれでよかったんじゃないですか」と一言。「そういうふうに受け止めることにするよ。ありがとう」と。

3　昭和五十五年大西友次先生

そして昭和五十五年、とうとうこの仕合が最後となってしまったわけであるが、島根の大西友次先生との対戦であった。これはこれまでの二回に比べて回復がうかがえてうれしかった。大西先生の泰然とした構えの攻めから発する正攻なる技に対して、どことなく構えが深く力強さを感じさせ、このまま徐々に健康を回復されてゆかれるのではないだろうかと期待を抱いたのを覚えている。確かにあの大西先生にして呼吸にわずかな乱れが見られたし、完全な打ち切りの技は見られなかった。このときの師の〈構えと呼吸〉の遣い、その気息がとらえられなかったのではないだろうかとの想いを抱く。

幸いなことに、この年には湯野師が恩師と仰ぐ小川忠太郎先生と私が大阪で師事している長谷川寿先生との組合せがあった。立合しばらく経ったとき、長谷川先生がまったく意を介さぬ柔らかで無拍子の入りから打ち出された技の見事さ。一瞬、小川先生の背骨が動いたかと思うと、次の瞬間には左足を引き詰めた構えで対する。そんな素晴しい攻め合いが展開されたのだった。湯野師は、お二人の仕合を絶賛され、長谷川先生のお稽古について「イメージを追ってみると呼吸だということがしかとわかります」と直後に頂戴した手紙には書かれていた。

お二人の空虚へ突き抜けてゆくかのような打ちの響、それは当たる当たらないそんなことには一切かかわりのない高貴なるもの、自分とは「一間万里」の距たりを持った遣い方として映ったに相違いない。「師承坐相天眼一流・未発之剣」がいまだ打ちを発せない相手の気の起こりをとらえる剣法でありながらも、現象として打ちを放って技を完結するには至っていない。果たして師自身は、これまでのみずからの身心の運びをどのように感じていたのであろうか。

「今年迄はあれでゆるしてもらうとして今後の正精進を重ねたい。三年でワンサイクルを描いたこととして納めます。『坐禅と立稽古』の偉大さと、『姿勢と呼吸』の偉大なる真実をつかんだことは素晴しいことであった」と手紙は締めくくっていた。まさに京都での三度の立合は「師承坐相天眼一流・未発之剣」、立稽古そのものであったのである。

水戸の中村廣修先生との二回目の立合についてスケッチブック二十五番目の内容の「打たれたとき、ハッと迷ったとき目付けもとまる。そこを脱却できる本體を会得することであり、それが本體である」に思い当たるものがあり付足しておきたいと思う。

最後に師湯野正憲泰剣正峯から私泰豊感峯への剣の命脈をこの立稽古として受け止め生涯をかけて師弟同行「修証一如」の剣道実践を展開していきたいと思う。

坐相天服一流・未発の剣
《立稽古》
立稽古は術にあらず、兀々地立稽

絶対（瞬間々々の自己創造）
〈心法一技を用いようとする主張はない一無心応〉
↕
相対（意味のある相互作用）
〈技法を用いようとする主張がある―間合・拍子〉

正しい姿勢と正しい呼吸（正身・正息）とは身を以って絶対を実現する唯一の営みである。

呼吸

湯野
・高野佐三郎の「剣道の姿勢」
・宮本武蔵の「兵法の身なりのこと」等々参考
・息を吐き切って、一切の筋肉が落ちつき切った状態
・本體の構えが出来るには入息左腫大地を踏み、"ウラスジ"で自然にしめて構える。そうすることによって、第七頚椎（仏の姿一頭、首、胸、肩の線の象徴）を受けての左拳（構えの極め手）を体形することである。

佐藤通次
・「肉体のなんらかの行為を通じて高い生命に与ろうとする日本の道は、高い真理の世界を、肉体の最も合理的な持ち方の中に、さながらに反映せしめる。全身の調和がとれて、からだの一部分に全体に背く力のはたらくことがなく、この個身がいわば宇宙の"全"を表現するものとなるとき、人は個の身ながら個の"われ"を忘失するのである。それは、個のわれがいわば宇宙我というごときものに高まったのである。……後略」
佐藤通次著『この道（調和の哲学）』
・「武道にあっても、芸道にあっても、すべて、当面の営みに用いる筋肉を、睡っている時と同じような弛緩した状態に保つことを要領とする。それがある程度完全に達せられなくては"枝神に入る"というごとき名人の境地には達し得ないのである。」

◉中心生命力の象徴"正中心"

肥田春充
・「前略……その力学的関係が理想的に構築されると、強大恐るべき刺激が正中心部より発する。それは仙骨神経叢より脊髄神経を通して、大脳思考中枢の働きを停止させ、いわゆる無念無想の境地が、生理学的に機構的に現前される。もちろんこの現象は一朝一夕にいくものではなく、一分一厘の誤差があっても、無念無想にはならない。……後略」図参照
高木一行著『鉄人を創る肥田式強健術』学習研究社

釈尊
坐相（スケッチブック20番）佛の姿の頭、首、胸、肩の線から両腕におりてくる優美さの中に知る。

姿勢

湯野
・「剣道は吸う息をもって一つの大事とする。吸う息の如何なる時間も打突（変化応）の事を入れる時間、空間の合一の事実なり。剣道の特殊的本質としての体験なり」
・「立合正門の間合に於いての、時間空間を含めて、相対立の形式をとりながら絶対に居る。無所得、無得後の正眼の構えは「微延々たる吸気による」とするものであり、あく迄相手との相対函数の重なりを離れぬ吸気及び呼気の作用の連鎖の中での吸気である。機（はたらき）を発する虚で、陽の構えである。"虚而陽"」
・「事の契機（時間）により吸気の先をとる、下腹にこめられる力は漠然たり。」
・「呼気は「先」の「事」自ずから知り、事理一致の術として明確なる動力としての人間の働きとなる。」

佐藤通次
・「吸気は、呼気の緊張に対してはいわば弛緩であるからなるべく短い時間に行なわれるべきである。ただしその弛緩は全くの弛緩であってはならず、緊張に支えられた弛緩ではなくてはならぬ」
・「呼気は人間が事を実現する際の息であって、息を吐く時、人は能動の構えに居るのである。中略　吐く息は実、吸う息は虚である。中略　正しい呼吸にあっては、いわゆる"いきむ"ということをしてはならない。」
・「姿勢を"生かす"ものは文字どおり"いき"である。」
・「吐き終わりの態勢を崩さず抜首のような状態て息を深く押入れらせる心得が大切である」

秋尊
安般守意（アナパーナサチ）
・「『身』とは体の全体をいう。分けてみると、呼吸（出息・入息）、行住坐臥の動き（威儀）その他の動き、体の各部分（不浄）などである。
『全身』と出息の始めから終るまでをいう。次の「全身」は入息の始めから終るまでをいう。
『身行』とは出息をいい、次の「身行」は入息をいう。」
『艸生庵残筆』

《湯野正憲範士年譜》

年	事蹟
大正四	十月五日熊本県八代市萩原天神町に生る七歳より剣道を始める
昭和九	三月、熊本県立八代中学校卒業この頃、澤木興道老師と出会う
昭和十	四月、東京高等師範学校体育科に入学
昭和十三	三月、日独伊親善学生武道使節団の一員として派遣される
昭和十四	四月、東京高等師範学校体育科を卒業
昭和十七	六月、第一東京市立中学（現在の東京都立九段高校）に奉職
〈終戦〉	
昭和二十七	戦後、撓競技が学校体育の教材として採用されることに決定「学校剣道におけるしない競技指導の手びき」作成委員
昭和二十八	全国高等学校体育連盟、しない競技部を設立、委員長となる学校剣道研究委員に任命される（文部省）

昭和二十九　八月、第一回全国高校剣道、しない競技大会を日光市において開催。大会審判長となり爾来、第十三回盛岡大会まで審判長として高校剣道の発展に努力す
昭和三十　秩父神社境内における恩師高野佐三郎範士頌徳碑除幕式記念剣道大会にて優勝
昭和三十二　「学校剣道指導の手びき」作成委員
昭和三十五　東京都高体連副理事長
昭和三十六　高等学校学習指導要領改訂にともなう教材等調査研究委員となる
昭和三十九　高等学校教員資格試験の検定委員となる
昭和四十　高等学校教員資格試験の検定委員
昭和四十　十一月、孫文誕生百年祭記念第一回国際社会人剣道大会（於台北市）にて個人優勝
昭和四十一　日本武道館、武道学園の開校にともない剣道師範となる
昭和四十一　十二月、全国高等学校選抜剣道選手団の監督して第一回日琉親善剣道大会のため沖縄に遠征
昭和四十二　高等学校教員資格試験の検定委員
昭和四十二　五月、全国高等学校体育連盟剣道部委員長より剣道部長となる全日本剣道連盟より剣道八段を允許

昭和四十四　東京都教育委員会職員表彰を受ける
昭和四十五　全国高体連理事長、ならびに東京都高体連理事長
昭和四十八　五月、剣道範士の称号を授与
昭和五十　四月、剣道の指導理念の確立
昭和五十一　十二月、幼少年剣道指導法の確立
昭和五十二　四月、全国高体連剣道部名誉部長東京都高体連剣道部名誉部長
昭和五十四　四月、剣道試合並びに審判規則改正
昭和五十五　四月、東京都剣道連盟副会長
昭和五十五　九月二十八日逝去。享年六十四歳同日、勲五等双光旭日章を授与さる

【参考文献】

・佐藤通次『この道（調和の哲学）』（１９９５）
・高木一行『鉄人を創る肥田式強健術』学研（１９８６）
・手向けのスケッチブック／昭和49年３月（１９７４）
・湯野正憲『剣心去来』島津書房（１９７０）
・湯野正憲・岡村忠典『剣道教室』大修館書店（１９７９）
・湯野正憲『艸生庵残筆』島津書房（１９９２）
・「剣道の呼吸」仏教（禅をふくむ）の呼吸法との比較。第13回日本武道学会講演資料／昭和55年９月14、15日（１９８０）
・岡村忠典『剣の道人の道』日本武道館（１９９９）
・月刊『剣道時代』１９９６年５月号特集「兀々地春夏秋冬」
・「往復書簡」（１９７４～１９８０）

第十一章

稽古で鍛える

荒行から真の合理を体悟する

何事が起きたのか「バァサーッ!」「バッー!」という一瞬身の毛がよだつようなものすごい轟音とともに、真っ黒な物体が我々の頭上を飛翔し駆け抜けていく。それは忘れもしない昭和五十八年は秋の比叡山での朝靄をつく体験回峯行中の一コマである。日本カモシカの一群が我々のケモノ道回峯をあたかもあざ笑うかのように頭越しに過ぎ去っていったのである。

1 連覇を狙うか鍛練第一とするか

昨秋、大阪体育大学剣道部は、関西勢の代表として全日本学生優勝大会を二十六年ぶりに制覇するという偉業を達成した。くしくも、そのメンバー八名を残しての今秋であった。昨年の優勝(高校時代全国大会出場経験者は九名のメンバー中四名)がまぐれではなかったことを実証したいという思いは皆のなかにも非常に強いものがあった。

こうしたなかで警視庁、愛知、京都、大阪、兵庫等々の警察剣道の最強軍団である中央ラインの走破(警視庁には十日あまりも鍛えていただいた)と、この比叡山での回峯行体験を目標として掲げた。勝利に固執して連覇を狙うか、それともいまの鍛練を第一として、自分たちの非力さと人間的未熟さとを腹一杯食べることに徹するか、二者択一的でない、後者に重心をかけての全日本への前向きの取り組みを展開しようとしたのであった。

2　千分の一日の回峯行体験

光永澄道氏が千日回峯行を達成し、大阿闍梨として比叡山麓の仰木に覚性律庵を復興中であった。この作務を手伝った見返りとして深夜の回峯行を体験させてもらおうというのである。

話が多少前後するが、ここでの回峯行の行程を大ざっぱになぞっておきたい。最初の三年間は三十キロを百日ずつ三百日。四、五年目は同じ三十キロを二百日ずつやって七百日。ここで九日間の断食、断水、不眠、不臥という生理学的には不可能とされる堂入りの行を挟んで、翌年は五十キロ百日（赤山苦行）ペースに落とし、最後の七年目の二百日は前半百日が大廻りといって、三十キロの回峯に洛中切り廻りの部分が加わって八十四キロになる。

八十四キロといえば、一日二十四時間、ほとんど歩きまわっている状態である。後半の百日は三十キロに戻って、千日回峯の大行満となるのである。まさに比叡の大自然と対峙しこれを征服するかの思い上がった魂胆ではとてもとても成就されるような代物ではない。

さしずめ我々は、行者さんの先導にしたがってたった一日の回峯行体験と銘打ってゼイゼイ、ハァハァ、地球の引力の神秘に打ちのめされつつ、重たい足を引きずりながら比叡の山麓をクロスカントリーしたということなのである。

3　生きることへの問い直し

とはいえ、この一見非合理、非科学的行為と思われる回峯行に仕組まれているものは「人間として生きることの真の合理性とはなにか」の問い直し行為ということに他ならないのではないだろうか。この「人間が人間としての特技である文明を拒否して、原始人間に立ち戻らねばできぬ行であり、もっというならば、人体の機能がほとんど鳥やケダモノに近づいているといっていい」（註1）、この体験智から観える真の合理性とは一体何なのであろうか。

「毎日毎日が粗末な精進料理で、一日三十キロ山道を行じながら歩くのだから体質が変わらないはずはない」「おかげで慢性盲腸炎も、肝炎も嘘のように体から立ち去っていたし、おかしいことに、視力さえかなり回復した」という。さらに「堂入りは、七年目の一日八十四キロという大廻りにそなえた準備行のような気がする」と振り返る。

そしてこの準備行でさえが回峯行に較べて極めて静的な冥想法でありながら「人間の細胞をすっかり変えてしまうという、荒っぽい行なのである」。

こうして行者は一人きりであって一人ではけっしてできない回峯行をみずからの身心において遂行していく。まさに、堂入りまでの七百日の自利行と、堂入り以後の利他行とのすべてにおいて、この自然に還る原始人間への営みであり、社会一般の常識（文明）を超え、非合理を突き抜けて真の合理を体悟するしくみなのである。

4　人間の姿と重なる「寒苦鳥」

ここにおもしろい話がある。「寒苦鳥」という仏教上の架空の鳥の話である。それは「ヒマラヤに住み、夜は寒気に苦しみ、夜明けには巣を作ろうと鳴くが、夜が明けると朝日の暖かさに夜の苦しみを忘れ、無常の身だからとなまけて巣を作らず、夜になるとまた同じ苦しみを繰り返すという」（註2）。

この「寒苦鳥」は我々の日常の世俗的生活を省みるとき、この社会における平均的人間そのものの姿と重なる。すべからく修行というのは日常生活場面の生活規範以上の厳しい拘束を自己の身心に課することからはじまり、自己の身心の訓練を通じて真の知を体得しようとする実践的試みであると言えようか。

これを「芸」の向上を通じて（稽古）自己を明らめていこうとする行為（修行）としてとらえるとき（術を媒介として道の工夫をする）、芸道論や武道論が成立してくるのである。

稽古・修行論と練習・トレーニング論

〈武の文化性〉の歴史的経緯について概観的には〈武術（実用性）―武芸（芸道性）―武道（競技性）〉としてとらえることに異論はないであろう。しかしながら中世・近世・近代の長期にわたってその実用的価値と芸道的価値の相克を通じてあらたなる価値である〈競技性〉が創出されてきたことの意義は極めて大きい。

1　鍛練とは金属を打ち鍛えること

一般的に平安時代後期以降、仏道の修行法が和歌、連歌、能、茶、花等々といった一芸を磨く稽古法に組み込まれはじめる。それはやがては「稽古・修行論」として形成されていき、武士の表芸であった武術にも影響を与えるようになる。こうして武士の存在を介して武術が単なる戦闘の技術にとどまらず、しだいに「芸術性」と「精神性」の高いものへと高揚され、武芸化が推進されていくのである。

「鍛練」とは元々金属を打ち鍛えることから転じて教育・訓練等を積んで心身・技能を練り鍛えることとして用いられるようになったと言われている。今日のスポーツや、スポーツ科学ではこの鍛練に当たる言葉はさしずめ「トレーニング」ということになる。武道群においては、生死を賭けた闘いの場面で敵に遅れを取ることはすなわち死を意味することとなる。その昔より、今日で言うところの各種トレーニング法開発の先駆け的老舗であったことはまぎれもない事実である。

〈年間スケジュール〉図Ⅰ

競技文化期　　武道文化期

月	内容
1	年越稽古。学外寒稽古（任意参加）
	予備練２週間(打ち返し30分、打ち込み・掛り稽古30分、地稽古45分)
2	寒稽古15日間（早朝５：30～７：30、午後３：00～５：00)。
	２週間程フリー（自主練）
3	予備練２週間(打ち返し20分、打ち込み·掛り稽古30分、地稽古１時間)
	春季合宿１週間（学外)、遠征１週間
4	大阪大会
5	関西大会
6	西日本大会
7	全日本大会。３週間フリー（自主練）
8	予備練１週間(暑中稽古—打ち返し20分、打ち込み·掛り稽古20分、技30分、地稽古45分)。夏期合宿１週間(学外)。遠征１週間。大阪大会。
9	ミニ調整合宿(学内or外)。関西大会。
10	調整合宿（学内）と遠征（男)。全日本大会（男)。男子課題点検稽古開始（技、メンタル、身体）
11	調整合宿（学内）と遠征（女)。全日本大会（女)。女子課題点検稽古開始（技、メンタル、身体）
12	幹部交代。２週間程フリー（自主練）

(毎土曜 Pm１：00～３：30（１時間形稽古を含む）平常、朝稽古 Am７：30～８：30（１時間、男子３日、女子３日）午後 Pm４：00～６：30原則として日曜は稽古休み)

さて「千日の鍛、万日の練」を標榜してきた武道群も「蓋し勝負は一瞬」という決着場面を競技場面へと移し、その競技的価値を増大させてきている。剣道はいわば、勝敗を度外視してつねに技術向上と人間生成とを一体のものとしてとらえ、稽古場面という過程重視の立場にある武道文化と勝負論的価値が前提とされる手段（各種稽古法—トレーニング法）と結果（勝敗）重視の立場にある競技文化との同居体にある。

2　大体大剣道部の年間スケジュール

大阪体育大学の剣道もまた、この二つの文化性のミックスとコンビネーションのなかに存在する。各武道種目にあっては日本の気候風土、とくには四季〈春夏秋冬〉の年間を通じて稽古法にもさまざまな工夫が施されてきている。春秋を重ねて、一年を数える風雅・風流の世界、夏冬を物狂いして生きる風狂・逞風流の世界、それぞれを写し出している。

大阪体育大学剣道部の場合、図1に示されるように、年間スケジュールから見て先の二つの文化性の分割線を〈十月～十一月〉の全日本学生優勝大会終了期と〈二月～三月〉の寒稽古終了から春の予備練頃までとしている。したがって十、十一月～三月までの四～五ヶ月が武道文化期、三月～十、十一月の八、九ヶ月が競技文化期ということになる。

もちろん武道文化期にあっても年間を通じて大学のトレーニングセンター施設を利用し、自己の競技力向上の面から、筋力、パワートレーニングやけが予防のためのトレーニングと取り組んだり、リハビリテイションの面からもけがからの現場復帰のためのリハビリテイションとしてのトレーニングに励んだりする者もいる。

またメンタルトレーニングやスポーツカウンセリングの指導も適宜受けることができる。逆に競技文化期とは言え、夏冬の物狂い的メニューは日常的に組み込まれている。そして競技場面を頂点とした稽古メニューではあっても、剣道を運動構造的にとらえ、各種稽古法のポイントとつらなり等々をしっかりと把握することによって稽古のなかで十分にトレーニング的効果も達成されるであろうし、単に分断、分習にとどまらない、全習法への統合的視野も獲得されていくであろう。

勝負の額縁（フレーム）の枠組みを意欲的に変化させていくことによって、みずからの競技場面におけるわざとこころの変化にも気づいていくのである。

3　苦楽を串刺してうれしく生きる

ここで回峯行になぞらえ少し立ち入って寒稽古の一日を追ってみたい。まずは厳しい自然条件（寒暑）のなかにあってみずからの身心を持ち崩さないことである。みずからは「寒苦鳥」そのものである。

「弱い自分を発見する場」（向田恵子・女子部コーチ・奈良消防士）ことから出発し、このことをしっかり受け止め一つ一つ克服していくことがそれぞれの寒稽古である。このことはやがて、対人関係や、生活環境、さらには社会的生活にまで拡大されてくる。

まさに世を挙げて苦しいことは嫌い、楽しいことは好きという安直な苦楽二元思潮が蔓延しているかのようであるが、剣道場面の生活化はこの苦楽を串刺してうれしく生きる気概を育てることである。それは全体が一丸となって「ワッショイ」のランニングの潮流をつくり出すなかに「寒苦鳥」のみずからを投げ出すことから開始されるのである。

十五日間の寒稽古は、寒いなかにも必ず「春夏秋冬」は巡る。それでも一度から五度、その前後が最適である。じっとしていられない、動いていなければ寒い、激しく動くことを続けていると身体全体から湯気が立ちのぼる。

ここに「身心を挙した」総合的なインターバルトレーニングとしての寒稽古の成果が期待される。一人での「素振り」（一足一刀）は二人での「打ち返し」「打ち込み」へと展開し、その元立ちの懸かりに対する肯定的な打たせ方、受け方、捌き方によってさまざまのゆける（懸）できる（待）動作における一足一刀のよきリズムは心地よく形状記憶化されていく。

4　繰り返す四百本の打ち返し

寒稽古はこの基本形の応用編が求められる。すなわち、「打ち返し」においては、一回の打ち返す本数が半端ではない。途中に何本かの正面打ちを挟んで百本や二百本ぐらいは打ち返すのではないだろうか。多い者では三百本から四百本にもおよぶときもある。これが一人分くらいを休んで四十分間、繰り返される。

「私は次々にかかってくる学生を二十人くらいは数えていたが、あとはわからなくなった。面金のなかの水っぱなと涙と汗でぐちゃぐちゃになった学生たちの顔、顔、顔。無私無欲、無我夢中の『仏』というか『仁王』といおうか。崇高なものに対する感動で人数も時間も忘れ、ひたすら竹刀を受け続けた」と九年目の参加を果たした元朝日新聞記者の鴨志田恵一氏は綴る。この「打ち返し」は元立ち（練）が懸かり（鍛）に対して単に〝肯定的〟とばかりは言えない対応になるのである。

元立ちも胴の坐りよく、懸かりの竹刀先（手の内）が伸びきるところをみずからも小さな打ち返しをやっている要領で一足一刀の拍子を崩さず受け、捌ききるのである。万歩計で計測すればこの一足一刀を実行していればものすごい歩数となるはずである。

おもしろくも不思議なことに元立ちしだいで掛り手の左拳が正中線を外れずに前頭上一拳半のところと鳩尾の前方位をピストンしさえすれば、いくらでも左右面の打ち返しが連続できるのである。

5　ハーモニーを醸し出す掛り稽古

「打ち込み」は応用編としては「掛り稽古」の内容へと発展する。否定的立場での元立ちとは、みずからの構え力をたくましくして、捌き（むかえ、乗り、外し、いなし、付けこみ、応じ、体当たり等々を契機としてあらゆる打突攻防の機会や場面を構成していく）を連続させるのである。掛り手の「懸」に対して元立ちは「懸」「待」ですべて生きた捌きを連続していくことは容易なことではない。

おのおのの年齢、修行レベル、身体的状況においてこのことを実践していくのである。大阪体育大学へ勤めた当初の頃、寒稽古の元立ちづくりに懸命であった。毎夜お互い同志の捌きについて指摘しあい、研鑽しあったことを想い出す。元立ちもみずからの課題を持ち、みずからの限界に挑む姿勢で一人一人の懸り手に見合った否定的、肯定的捌きに懸命である。

青鬼赤鬼あり、また肯定的捌きに徹する慈悲深き者あり、はたまた相懸り的元立ちもあり、多士済々である。いずれにしても学生はすべての元立ちに分け隔てなく懸かるのである。

「指導者として、一、子供たちの特性を最高の状態にまで引き上げ、かつ自分自身が剣道家としてどんどん上達してゆく『捌き』を身につけたいと悩みます。二、子供たちの発達段階に応じてどこまで鍛えることができるのかを本気で悩みます。三、子供たちとの理想の関係に悩みます」

と十数年間、寒稽古に毎日のように通い続けてくれている辻田浩之氏は綴っている。彼は唐がらしの製造商の老舗を切り盛りするかたわら東陶器春風館で少年たちを熱心に指導している。

まさに否定的元立ちの真相はここにあり、学生達の懸かり（鍛）と元立ちの待（練）との織り成すよりよきハーモニー（一致）はここから醸し出されるのである。

6　全身の力を抜きさる地稽古

四十分間の掛り稽古も終わりに近づくと身体からは湯気が立ちのぼりはじめる者もあり、元立ちも、懸かるほうも「もうこれ以上は手も足も動かない」という状態が訪れる。ここで早朝訓練のクライマックスをむかえ、地稽古となる。ボロボロになっている自分の身体の全身の力を抜き切って、正中心の力だけにまとめ直すことへの取り組みがこの地稽古への移りの正念場である。

中心力を得て全身抜力をいかに素早く達成するかがその日の立合いのすべてを決定する。十五日間の日を重ねるなかでこのことの内観に徹することである。そこに必ずや「一撃を地軸へ放ち洸洌凛」という「心気力一致」の剣振りは出現する。

早朝、寒行のすべてを終えた黙想坐礼のときの光景はまさに至福のひとときである。朝陽を浴びる五百羅漢が居並ぶ景色にも似て、まさに苦楽串刺し論の真骨頂の場面を垣間見ることができる。女子学生が前夜から下ごしらえをした芋粥をうれしく頂戴しながら稽古談やら近状の報告に花を咲かせて皆おのおの勤めに散っていく。

7　静的な午後の訓練

午前中の気分は爽快で仕事も作業もなかなか順調にすすむが、昼食後は、とろけるチーズとでも言おうか、身体の疲労と倦怠感が襲ってきてそれにどうしようもない睡魔が追い打ちをかけてくる。ここで小一時間ほど横になれると楽になるのだが、なかなか公務や雑用からは解放されることはない。

それでも土、日、祝祭日の大波が退いた平日には、なんとしてもこの黄金タイムを貪ることとなる。その辺の事情については「勤務にも家庭にも寒稽古は関係ありません。いつも通り職場では仕事をこなし、家庭では家内にしかられないよう日常の家事をこなした上で『しんどい、眠りたい』という言葉は禁句です」と元ＯＢ会事務局長で府立高校教員である河合克昭氏がいみじくも綴っている。

そうこうしていると三時のおやつならぬ午後の稽古がはじまる。ストレッチ、柔軟、マッサージで身体をほぐし、素振りをして、約三十分間の座禅を組む。「朝鍛夕練」ならぬ早朝とは対称的な静的な訓練に取り組む。そして四十五分間の地稽古で終了する。風呂と食事、この時間が学生にとっても我々にとっても解放感を満喫するひとときである。我々は、遠来の参加者との団欒のときも多い。若い頃には飲む程に気合が入ってくることも度々であったが、最近では相手も気を遣い、こちらも程々にしないと身が持たない。ありがたいことである。

8　寒稽古への思い

暑中稽古は打ち返し二十分、打ち込み・掛り稽古二十分、技の稽古三十分、地稽古五十分くらいを雛型として夏期合宿前の予備練で一週間行なう。これは日本一暑い浪速のうだるような猛暑の醍醐味を味わう訓練であるが、脱水症、熱中症といつも隣り合わせでもある。体力の消耗は激しいものであるが、疲れを後々まで残さないように、汗を絞り出してしまうことをここでやっておかないと秋の実り色がいま一つとなる。

最近ではスポーツ栄養学的な視点の重要性が見直されてきており、食事の内容や摂り方、そして稽古中やその前後の水分補給の仕方等々への取り組みが課題となっている。最後に今年の寒稽古参加後に綴ってくれた、二人の卒業生の感想文を紹介しよう。

足の裏

――私が「西の雄」といわれる大体大剣道部を初めて知ったのは高校二年のときである。剣道雑誌の「大学寒稽古特集」。ボロ道着姿の学生の朝稽古後の黙想をする背姿がそこにあった。そして、度肝を抜かれたのがその学生の「足の裏」である。

皮がめくれ（カラーでなくて幸いであったが、おそらく血まみれであろう）、〃華が開いた〃ようなのである。高校時代、私は女子校で部活動に取り組み、試合をしたり、出稽古へうかがったり、先生方にも鍛えていただいたが、「何か」違う……。「何か」物足りなかった。「何か」とは一体何だろう……。

その「何か」を教えてくれたのが、目に飛び込んできた「足の裏」だった。私は何だかとてもうれしくなったのをいまでも鮮明に覚えている。そして夢中になって文章を読んだ。そこには「剣道の専門指導者としての技術鍛錬にとどまるのではなく、人としての生き方の方向性が自己開拓できる、技・心ともにバランスのとれた人間づくりを目指している。そのなかで十五日間、自分を捨てきり、身ぐるみはがされ、ゼロになれる寒稽古の意味は大きいのです」といった内容のことが記されていたように記憶している。

率直にその文に感動した。心を揺り動かされ、その熱い気持ちを抱いたまま、気づけばその寒稽古に参加していた(一回生として、身ぐるみはがされていた)。苦しかったけれど、何だかとてもうれしくて、幸せな気持ちだったのを覚えている。

父に大学選択の理由を話すとき、「私は剣道は弱いけれど(私は)こういう志のもとで修行がしたいので、お願いします」と言った。父は「遠く厳しいものを選んだことに意味がある。本物を勉強してきなさい」そう言ってくれた。涙があふれた。

めくるめく四年間が過ぎ、さらに体大を巣立ち今年で、何と十年が経った。最後の四回生のときの寒稽古納会で「栗、十年後が勝負やぞ」とおっしゃられた先生の言葉の意味が、何となく腹わたにしみ込んでくるようになった気がする。理屈ではなく、言葉でもなく……。

教師となり丸十年目の春。強く正しいことを貫こうとすれば疎外され、「Yes man」では己を失う教育現場。「和して同ぜず」の大切さを痛感する。しかし、〝青尻〟の私の胸に必死にぶつかってくる七人の子供たち。先日、地稽古の後、一人の生徒が言った。

「先生、僕は寒いときにウァーッと燃える掛り稽古が好きです」「そうかぁ！　先生もけっこう好き」。ドキっとしたあと、とても爽やかな気持ちになった。子供たちの足の裏には〝華〟まではいかない〝芽〟ぐらいの豆ころが顔を出している。

現代社会そのものが寒稽古のような昨今。十五日間では終わらない、苦しいときもある。でもやっぱりうれしいし、充ちている。体大で学んだ厳しいけれどもあたたかい道の求め方を子供たちとともに修行していきたいと思っている。

（潮田香奈子・群馬県立勢多農林高校教諭）

寒稽古こそ武道の本質

――延々と続く切り返し、終わることのない打ち込み、岩の壁にぶつかるような衝撃の体当たり、そして気力も体力も使い果たしたあとの稽古。この組み合わせが早朝の五時半より十五日間も続く寒行が我が母校大阪体育大学剣道部の名物寒稽古である。

なぜこんなことをするのだろうか、「自問自答」しながら学生時代を過ごしたことが昨日のように二十三年過ぎたいまも鮮やかに思い出される。ＯＢになっても、二月になると秋田からふらふらと大阪に出てきて寒稽古に参加している。このとき、自分がなぜこの場所にいるのか不思議に、また可笑しく思えてならない。

私は、卒業後すぐに秋田商業高校に赴任し、剣道の顧問に就いた。そこで最初に手をつけたのは大体大式寒稽古合宿であった。大学の寒稽古を終えた現役の学生に秋田まで来てもらい、元立ちとしてその気風を秋商の生徒たちに感じさせるため、五年ほど続けた。

そしていまではそのときの生徒だったOBが元立ちとして五日間の寒稽古を行なっている。
・学生として、教師として長年にわたり体験して考え、気づいたことは、武道としての本質がこの寒稽古にあるということ。
・若いときの強い鍛練は長い剣道生活を〝維持増進〟してくれるということ。
・剣道の技は、瞬間的に無意識のうちに出る技が最高の技であると言えるだろう。その技の習得の為にも手足が動かなくなるまで自分を鍛えることにより、無意識の技がでるようになる。
現在秋田県湯沢市で一月下旬行なわれている三時間立切試合などもその一つと言えるだろう。私も以前、基立ちとして立切試合を体験したことがあるが、まさしく大体大寒稽古と同じく、極限まで自分を追い込むことにより、無意識の技の習得に繋がっているものだと考えられる。

「意識して寒稽古に臨み、無意識の技を習得し、いかなる自分になるかを想像しながら、この稽古を続けるなら、今後抜群の効果が得られることと思われる」

このことについて先達の先生方は、無言で実践を通して教えてきた。しかし今後は、生徒にその有意性を語りかけ教えながら、生徒自身が積極的にすすんで苦しい稽古に向かっていくことが、求められるのではないだろうか。

（進藤正広・秋田市立秋田商業高校教諭）

剣道の普及・発展の方向性はいずこに

少年剣道は別として、中学・高校・大学生の日常的な稽古場面はすべて同年代的な輪切り構成のなかにある。寒稽古や暑中稽古の意義は、この枠組みを超えるところにある。つまり老若男女三世代の共習共導の場ということである。大阪体育大学の寒稽古も学生の「鍛」を中心に据えながらも、小・中・高生の参加も歓迎する。またＯＢ・ＯＧをふくめ学外の二十〜六十代の多年代層の参加による三世代の交流をさらに積極的に押しすすめ、理想的な「鍛」と「練」の場を創造していきたいと考えている。

浜までは海女も蓑きる時雨（しぐれ）かな

これはたしか詠み人しらずの歌であったかと思うが、元全日本剣道連盟会長であった故石田和外先生が師湯野に諭された一句である。風狂・逞風流の世界に生きる以上、生命がけは結構であるが本当に自分を大事にするこころが、老いてからの稽古・修行を立派にしていく教えということであろうか。

みずからの修錬を突き詰めていくことがそのままに、みずからを「鍛」の人たちや「練」の人たちに開いていく生き方を剣道していかなければならない。

1　寒稽古の究極は本体を確かめ合うこと

前章の「湯野剣道論」の手向けのスケッチブックでは三番に「本體者は體の事理なり」という嘉納治五郎の身体論を引き、これを受けて、四番では「本體を解明するのには構えを解くことである。構えができるということである」として、それ以後「湯野構え論」（後の立稽古法への構想）を中心に展開している。これを受け皿として、三十二番では道元の教えである「まだ修せざるにはあらわれず、證せざるには得ることなし」と「修證一如」の大事を説き、この「修證一如」の道程で本體を確かめ合う剣道でなければならないことを強調している。

そして極めつけとして三十二番において「剣道という文化の特性として残るものがあるとすれば、この『修證一如』の剣道が残ることの意味であり、師承、師匠と弟子である」ことを指摘する。そしてさらに「剣道専門家がこの剣道へ到達しなければ世の中に盛んになっても結局真実は消えて行くのに外ならない」と結んでいる。

としてみれば、さしずめ寒稽古における懸り手（鍛）と元立ち（練）のせめぎ合いとは元立ち（師）を取っかえ引っかえしながらこの本體を確かめ合う営みにまで高められなければならないと言うことになるのである。このことを実践してゆきたいものと遠く東の空を見上げながら願う。

2　寒稽古で人間相互作用を確認できる

加速的に進行する「少子高齢社会」子供たちは、老人たちはいま、何を希求し、何をみずからのあてどなさとして葛藤しているのであろうか。そんななかで次の一文を投げかけ、この稿の結びとしたい。

人間再生機関（期間）

――大体大名物と謳われ、卒業生の誰もが「自分の剣道の原点」と言い切る寒稽古。名物たるゆえんは何だろうか？　極めて無責任な一参加者としての見方に過ぎないが、私なりにその魅力を探ってみたい。

まずは学生諸君の道場内外で見せるひたむきさ。連日のぎりぎりの稽古で、すかすかの体調でありながらも、打ち込んでいく姿や人へのすがすがしい対応の仕方に心踊らされる。その現役学生の切り返しを一本だけでも受け、さっと出勤していく卒業生たちの姿勢にも「この伝統を守るんだ！」という気概が感じられ胸が熱くなる。

そして何よりも師弟同行とは指導者みずからが捨て身になること、という気迫で一人一人の学生に体を張って鍛えあげていく指導陣。剣道のもつ教育的価値、また剣道の今日的有り様を深く掘り下げながらの気遣い、心配り。参加者のすべてが達成感を味わう洗練された仕組み。この十五日間の寒稽古は、ある面で剣道を通した人間再生機関（期間）にも思える。

私も毎回再生を誓って参加させてもらうのだが、心の弱さ、技の未熟さ、体の老化を痛感。日頃の自分勝手で自己満足的な取り組みを木っ端みじんに叩き潰される。しかし最近、そんな現実に言いわけせず、懲りずにもう一度、自分をありのままにさらして見ること。そこで改めて周り（の人）を眺める楽しみを発見した。心の置き方の工夫で剣道の、自分の〈いまの〉内容を高める試みとでも言えようか。

荒々しい寒行のなかでも、いや、厳しい寒行だからこそ感じるそれぞれの葛藤、けなげな努力、思いやり、喜び、ユーモア。そこにじっと耳を傾けてみる。そのことの背後にある、形には表れていないものを見つめてみる。逞しい気骨を求めながらも、ささくれだたず、しなやかな感性を磨いている人たちに勇気づけられることも多くなった。私にとって「剣道は意味のある人間相互作用である」ことを確認できるのがこの寒稽古に引き寄せられる最大の魅力である。そういえば師範室の壁にはこんな額がかかっていた。

「子供叱るな　来た道じゃ　年寄り嫌うな　行く道じゃ」

（高橋　亨・東京藝術大学教授）

【引用文献】

註１　光永澄道『ただの人となれ』三笠書房（１９８６）
註２　松村明・山口明徳・和田利政編『古典辞典』旺文社（１９８８）

第十二章

美しく老いる

少子高齢社会で剣道界ができること

最近、実感として思うことに「昔、先生方はずいぶんと暇そうだったなあ」ということがある。果たして本当に暇だったのか、それとも暇ぶっていたのかと、さまざまな場面や光景を想い浮かべることが多い。それにしてもここ数年、一年一年が加速的に過ぎ去っていく感が強い。

「年々歳々花相似たり、歳々年々人同じからず」とはよく言い得て妙である。自分としては「伊予の暇ぶり」を実践しているつもりが、ふと気がつけば、そのほとんどの学生たちの「親父さん」の年齢を優に越えてしまっている。まさに「今昔物語」である。

戦後の日本社会は、なんといっても「物の豊かさ」と「生活の便利さ」とを最優先に追い求めてきたと言えるであろう。近年、さらに追い打ちをかけるかのように急速な勢いでインターネットや電子メールなどのコンピューターネットワークが地球上に張り巡らされ、地球が小さな存在として実感されるような情報化社会の時代をむかえている。

現代人は個人という単位であらゆる知識を簡単に入手することが可能となり、その情報量の膨大さや、スピードの速さは、宇宙や地球、そして人類の歴史をあたかも一瞬のうちに凝縮して見せるかのような離れ業さえ演じることができる。とはいえ、そんなテクノロジーの進歩の恩恵に浴しながら一方で、現代の日本の社会全体に生命実感とは程遠いところの一種の言いようのないあてどなさと焦燥感が漂っているのも事実である。

いま日本は、国内的には長引く不況や構造改革の行方をめぐる問題を、また国際的にはイラクや北朝鮮をめぐる情勢とそれへの対応問題をかかえて内憂外患の状況下にあり、いろいろな面で大きな転換期をむかえている。加えて「少子高齢社会」という閉塞感が重たくのしかかる。そしてこの高齢社会を支える金銭的基盤が危ういとして、年金の減額、医療費の自己負担の増額等々が実施されようとしているのである。高齢者にとって「これでは安心して歳も取れないし、病気にもなれない」という空気がそこはかとなく蔓延（まんえん）してきている。

時代とともに、社会構造や組織、そしてその制度や法律も変遷する。世界一の長寿国日本。それは老いても元気で若々しければいいが、私もふくめて「いつまで経っても精神的にちっとも成長しない」という年齢の退行化傾向も著しい昨今である。

社会的生活環境や条件の変化も、額縁を別枠に構えると、そこに納まるものの構図は変わる。つまり、「高齢化＝在るものが無くなっていく」ということは、みずからの「生老病死」と正面（まとも）に向かい合い、無い無いねだりをしないで「無くなっていくからこそ見えてくる、透けてくる」ものを大切にして生きていくという、より人間の根源に立ち還る行為に他ならない。

本章では生涯現役を勤めた老剣士たちの剣振りの美しさの姿を追ってみたい。

三世代が共生できる社会を考える

もともと国連などでは高齢者の定義を六十歳以上としていたが、先進国にあって長寿化による人口の高齢化がすすみ、「六十五歳以上を高齢者とする」という傾向が強まっていった。もちろん発展途上の国々にあっては「六十歳以上」を高齢者とするところも多いが、今日では先進国間ではこの「六十五歳以上」というのが一般的となっている。

国連会議において、当時の先進国の高齢化率をもとに、六十五歳以上の割合が七パーセント以上の社会を高齢化が進行している社会として、「高齢化社会（aging society）」と定義し、定着化した。その後、その倍の十四パーセントを超えた社会を、高齢化が安定した社会ということで「高齢社会（aged society）」と呼ぶようになった。さしずめ日本は一九九五（平成七）年に高齢化率が十五パーセントを超え「高齢社会」となった。そして二〇一五年には団塊世代が高齢期をむかえ、高齢化率も二十六パーセントに達し、国民の四人に一人が高齢者となる。いよいよ本格的な超高齢社会が到来するのである。

1　一人一人を人間として受け入れる価値観を形成する

　こうした高齢化を招く要因は裏を返せば「少子化」そのものでもある。その意味では「少子化」と「高齢化」とを不可分一体のものとしてとらえる観点が重要となる。統計によれば第二次世界大戦後の昭和二十二〜二十四年の間は年間約二百七十万人の子供が誕生し、このベビーブーム期の人口は団塊の世代と呼ばれている。この期の合計特殊出生率（一人の女性が生涯に生むと思われる平均子供数）は昭和二十二年に四・五人であったものが、十年後の三十二年には二・〇四人と半減し、出生数も百五十七万人へと急降下し、「ベビーバスト」という低出生率時代へと突入した。

　昭和四十五年前後には団塊の世代が結婚・出産適齢期をむかえ、出生数は昭和四十六〜四十九年で毎年二百万人を超えた。この世代は団塊ジュニア・第二次ベビーブーム・子団塊と呼ばれる。その後また合計特殊出生率は再び低下を続け、昭和六十二年には一・五七人となり、それまでの最低を記録した。その後も低下傾向には歯止めはかからず二〇〇一（平成十三）年には一・三三人となり、日本社会は深刻な人口構成を抱える国となっている。共稼ぎと核家族化が進行するなかで、未婚、晩婚化が進行している。

　安心して子供を産み育てる社会環境と条件の整備とともに、高齢化に対応する社会条件（年金、医療、介護、雇用・社会参加、住環境等々）の整備が重要となる。今後「少子高齢社会」先進国の教訓に学びながらも、この日本という国の「少子高齢社会」をどのように成熟させていくか、その独自さを求めて重大な局面をむかえていると言えるであろう。つまり、三世代が共生する社会基盤（経済、文化、福祉）をどう構築していくかが問われている。そのなかにあってとくには多様な老いを生きる高齢者の一人一人をかけがえのない人間として受け入れる価値観の形成こそが社会的にも個人的にも希求されてきているのである。

2　個人的良好から社会的良好へ

こうした状況下にあって「体育・スポーツの効用」に対する注目度は増大する。それは「sports for all」から「sports for everyone」への社会的環境条件を整備していくことが、単に医療、介護の軽減にとどまらない健康で質の高い長寿生活に貢献することへの期待の大きさである。高齢者のスポーツ実施者は徐々に増加してきていることが「体力・スポーツに関する世論調査」（総理府）や「国民栄養調査」（厚生労働省）に報告されている。それによると、六十歳代では五割が週一回以上の定期的実施者で、成人平均の三十七パーセントをはるかに上回っている。しかし驚くことには、六十歳代では三十五パーセント、七十歳代では五十三パーセントもの高齢者が、一年間に一回も運動やスポーツとは縁のない「非実施者」であることも報告されており、高齢者スポーツにおける「定期的実施者」と「非実施者」の二極化が深刻化している。

高齢者におけるスポーツの意義は若年層や成人のそれとは多少異なり健康のみを目的とするメニューづくりという点にある。いわば高齢者にとっては、健康であるからこそ逆に個々人によって異なるスポーツ活動への多様な取り組みが可能となるのである。いわゆる、〝健康〟病に毒されたかと思われるような個人的な不老長寿のみを最優先する現代社会の風潮とは一線を画するものである。とはいえ「健康に気をつかっているやつにいい仕事はできません」という職人魂の弓矢に狙い撃ちされそうな気配がないでもない。

いずれにしても成熟した社会を構築していくためにはこれまで高齢者に対する固定観念を打ち破っていかなければならないことも事実であろう。ＷＨＯの健康観が個人における身体的、精神的良好さから社会的良好さへと高められて久しい。さらに今日では「霊的健康」ということが注目されてきている。それはいわば地球生命の歴史と営み、つまりは全生態系の上に成り立つ健康観にまで高め、深められようとしているのである。健康的により人間として生きることのグレードの高さがうかがえよう。

三世代性文化を宗とする剣道にあっては、この三世代が共生する共習、共導的基盤を揺るぎないものとしていくことによって、「少子高齢社会」への貢献度はより一層強固なものとなっていく。まさに「霊」を「魂」に置き換えての剣振りに大きな期待が寄せられているのである。

私が見た老剣士のうれしき剣振り

1　凛とした持田先生、柔らかく、丸い剣遣い

昭和四十四、五年の頃と記憶するが、東京駅に程近い三菱道場の朝稽古の想い出がある。持田盛二先生、中野八十二先生、湯野正憲先生と大塚忠義先輩（現高知在住）とご一緒させていただいたことがある。いまにして想えば持田先生が八十歳半の頃、中野先生が五十代の終わり、湯野先生が五十代の初めの頃である。この日は、幸いにも私の両師中野、湯野先生をはじめ数名の先生方が持田先生にお稽古をお願いする光景を拝見する、願ってもない機会に恵まれた。

持田先生の凛とした構えから発する柔らかくて丸い剣遣いに魅了されながらどの先生方ともキチンと立会われ、終始崩れることも淀むこともない技の使い方に魅入り、他の先生方への稽古をお願いするのも忘れてしまった自分であった。そのときの前後の記憶や細かな稽古内容については残念にも最早忘却してしまっているが、稽古後は一風呂浴びた後、エレベーターに乗って地下の食堂で朝食をいただいて出勤するのが皆さんの日課となっていた。

持田先生が扉近くに扉に向かって立たれ、その後方に中野、湯野両師その後ろに大塚氏と私という乗り合わせとなった。そのときに持田先生が扉に向かって「今朝の私の稽古は自分の心に響くような技が一本も打てなかった」とボソリとつぶやかれた。

その言葉を聴くか聴かないかの刹那、中野、湯野両師の背骨がグラグラと音を立てて揺らぐのを肌

で感じ、思わず私は背筋に寒いものが走り、身震いしてしまった。私の目から見れば「八十歳を超える御高齢で中野、湯野両師のような天下の名人剣士の先生方と続けざまに立会われ、見事に遣われたのに、なんという恐ろしいことを」という強烈な印象が残った。

残念なことに、私はその後もふくめて、持田先生に一度も稽古をお願いできていない。講談社野間道場の朝稽古のときも、数回お稽古を見ていただく機会はあったが、柔和な表情を絶やさず、きちんと端座され火鉢に手をかざして、どの人のお稽古をも熱心に見取られていたお姿を想い出す。稽古後に御挨拶をさせていただくと決まってニコニコと微笑まれ「お元気ですね、しっかりやってくださいよ」というお言葉であった。

私にとっては太陽のような存在の先生であった。いまにして思えば「みずからを省に秋霜を以ってし、人に接するに春風を以ってする」という、「人に接しては、則ちすべてこれ一団の和気」を当たり前のように生活化されている先生の姿に接する度に、「春風のなかに坐す」みずからの幸福を感謝せずにはいられなかった。

2　自花を惜しみなく発揮した中野、中倉両先生の立合

東京剣道祭での「中野八十二先生対中倉清先生」の立合の観戦の記憶である。両雄の対戦は数回あったようであるが、観戦時の両先生はともに六十歳代の初めの頃であったろうと思う。

ライバル意識には凄まじいものがあり、その日は中野師の面持ちをさせていただいたのであったが、試合が近づくにつれ、先生のまわりに電磁場が形成されバリヤーが張り巡らされてくる様子がヒシヒシと感じられた。昔武将が戦場(いくさば)へ出陣していく光景はこんなものであったかとも思われた。重苦しい雰囲気も立合が開始されると急旋回し、場内は観戦者の期待のスポットライトを浴びたように高潮した。中野先生の重厚な構えと中倉先生のスキあらば遠慮容赦なく厳しく鋭い打ちを繰り出す剣風。それはそれは見応えある凄味のある攻防が展開した。両刃交鋒の立合の後、両先生の一歩も譲らぬ激しい攻防を場内は固唾(かたず)を飲んで見守った。

私は京都大会もふくめてその後も沢山の先生方の立合を観戦させていただいてきたが、六十歳を過ぎた両者がともにこれだけ技を尽くし〈心・気・力〉の充実した立合を拝見したことがない。剣風、剣道観は異なっても、そのときどきの自花を惜しみなく発揮する、そんな教訓を頂戴した。

取って付けたような老成ではない滅多にお目にかかれない、誠にありがたい両先生の演武であった。

ここで、中野師の重厚さについて私なりの形容をしておきたい。子供の頃、村の四隅ごとにさまざまの格好をした力石が置かれていたのを想い出す。遊びのついでに、子供ながらに渾身の力をこめて格闘してもちっとも動かない石、色々と知恵を絞り、工夫を凝らしてみてもどうにも持ち上がらない石ばかりであった。

この石が石臼(いしうす)のように三殺法(剣を殺し、気を殺し、技を殺す)でもってジリジリとにじり寄ってくる。そんなイメージである。師は還暦をむかえるまでは我々学生にも「私への稽古はなんでもありでいいぞ」と言われていた。還暦を過ぎた頃、若手八段の猛者連をこの「石臼のニジリ寄り」でもって難なく遣われて「今日は構えがよく、充実した稽古ができた」と呟かれたことを何度も驚異をもって聴いたことを覚えている。

3　「せぬひま」の極致長谷川、小川両先生の立合

両先生七十代の半ば頃と記憶するが、京都大会において長谷川寿先生と小川忠太郎先生の演武があった。長谷川先生には私は当時大阪修道館で週に一度のお稽古をお願いしていたし、小川先生は湯野師が師事していた先生である。「拝見」の発声とともに立ち上がるや数息のうちに静かに静かに柔らかになんのひっかかりもなく、長谷川先生がスゥーッと小川先生の構えに入ったかと思った瞬間、虚空に向かって放ったかのような小手を「ピシッ」と放たれて、お二人は開始線へ戻った。この再び構え合うまでの束の間の時間が世阿弥のいう「せぬひま」の境位の充実の一瞬である。虚空に放った打ちであったがゆえに小手に当たろうが当たらまいが、その響は「こよなき響」として余韻を残した。

しかし、この立合の不覚を取った後の小川先生の次に構えるまでの「前後際断」の姿が素晴らしかった。呼吸を調え、腹背を一重にして「切り落し」の厳しい構えとなって即応する。そうするとさすがの長谷川先生にして小川先生の構えを破れない。両先生の攻勢を持続しながらのゆるみ、ひきつり

のない構えの攻防が続く。まさに「せぬひま」の極致である。

湯野師も両先生の面目躍如たるこの立合を絶賛され「長谷川先生のお稽古はいま、イメージを追ってみると呼吸だということがしかとわかります」と私への書簡に綴っている。

「打突部位へ一撃を放っても、それが虚空に放たれた響がする」。これは大変なことである。本體の構えが解けていなければ決して放つことはできないものであろう。長谷川先生の構えは、案山子(かかし)が突っ立ているかのような構えで、一見観た目には風采のあがらない格好である。みずからの正中線にだけスゥーッと力を溜めておいて、あとは全部の力を脱落させていて、相手の攻めにも打突にもそのままの体で対応する。

先生に対して仮に打突ができたとしても作為の世界からの打突であることが稽古中、時間の経過とともにボクシングのローブローのように利いてくるのである。湯野師からの手向けのスケッチブック十六番の「なさずして自ずから然あらしむる本體の構えである。この構えに住して而も滞らずあれば打ちを出すとか出さないとかというこだわりが消えて、花は美しいと思うのである」を体現する構えであった。

とくに、長谷川先生の左拳は絶妙で、ここだと思った瞬間にはスゥーッと音もなく、真直ぐに前方に突き出されるのである。また、小川先生の本體の構えについて、同じスケッチブック二十九番には「師は相手が攻めて出るのを形の上ではむかえるようにわずかに左拳を締め、右足を左足にひきつけ体重を左半身にとって面一本に出られる」として「師は相手の攻めをむかえる所作を、あれは〃切り落し〃であると言われた。ここでいう切り落しの意味は物理的に接していての切り落しでなくて、空間における切り落しもふくむ。だから本體がくずれないで出合いの面が決まるのである。竹刀の動きの速さを意味しないし、打って出た技が相手に対して表になるか、裏になるか無関係で自然であり、結果的現象である」と評している。

ここで我々が注目すべきは、不覚を取った次の瞬間にはその過去を裁断してしまい、本来の切り落しの構えに復するこの修行の深さである。これは、なかなか容易に身につけることはできないのである。

もちろん持田盛二先生との百回稽古（持田先生満七十～七十四歳、小川先生五十三～五十七歳）の中核をなすものが、この「切り落しの構え」であり、このことに対する第六十八回目の稽古における開眼は大きな節目のときとなったことが綴られている。その三日後の第六十九回目の稽古日誌には「両刃交鋒、無刀流の切り落しにて対すると、ジーッと気が澄む。（前々回願った想蘊（そううん）〈一番激しい念慮・著者注釈〉とは反対の境界也）先生も口を結び（良久〈構えで切り落しての一黙・著者注釈〉）ジーッと気を澄ましている。互いに呼吸がピタリと合う。恰も互いに呼吸を止めている感。天地も呼吸を止めている感也。両鏡相対中無影像〈見るのではなく只うつるだけ・著者注釈〉良久也。剣道は畢竟ここが根源だ。ここを空！　と言う也。

色即是空也。ここが手に入った。本日始めて。（中略）無刀流の切り落しの境界には凝りがなく執着がないから技はスラスラと出る、起こりがよい。らくだ」（註1）と臍付下段の無刀流の切り落しの妙を体悟された喜びを綴られている。

なんでもありの現代剣道（竹刀・防具稽古）にあって、古流の理を体現実践する気概と心境の深淵さに稀有なる尊厳さが宿っている。それにしてもこんなお二人の立合であったのである。

4　記念大会で剣道家の誇りを示した谷口先生

谷口安則先生のお稽古には学生時代より魅せられ、いまも慕い続けている。平成十四年十一月、全日本剣道連盟設立五十周年記念大会が催された。全日本選手権大会と選抜八段戦と相俟って盛り沢山のプログラムが企画された。その一つに谷口安則九段を元立ちに石田利也氏（大阪府警・教士七段）、祝要司氏（名鉄パレ・教士八段）、そして私の三人が掛り手となって模範稽古をという、願ってもあり得ない機会を頂戴することができた。

全剣連の設定（約二分の立合、三十秒の掛り稽古、二回の打ち返し）において私の念願するところは、立合でどんなに短い時間ではあっても両刃交鋒のジリジリの一黙からどのようにして一本の打ちを出すかにあった。

その後は「掛る稽古」の懸命のなりゆきと考えていた。先生の静かに澄んだ兀柔の構えに、十分な充実によるその〝機〟の打ち出しとならなかったことを反省したが、これも当然といえば当然かも知れない。その気概と努力が大事と割り切ってその後の先生の剣光につつまれての精一杯の至福の掛りの稽古をお願いすることができた。

印象に残った場面は数々あるが、相手からの攻めに対して構えのむかえの段階で相手の小手をとらえ、相手の手の内がこわばった瞬間に「スーッ、パクッ」と小手に伸びた打ちの冴えに場内が感動のどよめきと化したとき。何本か披露された面返し胴の手だれの手の内と捌き。そして掛り稽古の元立ちの矍鑠（かくしゃく）として気丈なる捌きと、どの場面を取っても場内の観衆を魅了して止まない先生の演武であった。

先生からは、その後「これをよき機会と致し田舎で静かに余生を送る覚悟です。八十一歳を過ぎた人間が承諾したことが間違いでした」と一葉のお便りを頂戴した。このお葉書きを拝読しながら三十数年前に持田先生が三菱の朝稽古後にエレベーターのなかでつぶやかれた場面とが二重写しとなって重ね合わされ、剣道家としての誇り、孤高の剣振りによるみずからの身心を透徹する観の目の厳しさに大いなる教示を受けたのであった。

「職業には貴賤はないと思うけど、生き方には貴賤がありますね」「人間〈出世したか〉〈しないか〉ではありません。〈いやしいか〉〈いやしくないか〉ですね」「掛軸ってものは風鎮が下がって、はじめてかたちになるわけです。風鎮がないと意味がありません。私は風鎮みたいな老人になりたいと思っています。もちろん、掛軸は若い世代です」（註2）という剣道人の生き方を演武とお葉書きによって暗に語りかけてくださったように思えてならない。

それぞれを生きる剣振り

1　鴨さんの夢（糖尿病との共生）

「ガンのメカニズムも解明されていないが、糖尿病についても多くは謎である。体中の細胞が突然、栄養を取り込めずそれを血液や尿に流出してしまう。エネルギーが燃焼しない体とは、生命維持の根本に関わる問題だ。不完全燃焼のエネルギーは体内で毛細血管や神経網を冒し、さまざまな器官をダメにする」。そして厄介なことには「糖尿病の患者は、外見上ほとんど病人のようでもなく、痛くも痒くもない」のに、そのうち「肉や手足が尿のなかに溶け出し」やがては加速化され早々と死に至るという陰険かつ質の悪い恐るべき病気なのである。原因は〝過食〟と〝運動不足〟とにあり、そこへ精神的環境的要因が引き金となって発病するといわれ、現代という社会を代表する〝病〟になってきている。その元祖は意外に古くて遠く、エジプトのファラオ（国王）が罹った贅沢病なのである。

一九九〇年の秋、三年半のパリ滞在から帰国し、翌年五月三十一日に血糖値五〇一（健常者一〇〇）、中性脂肪値五〇〇〇（同一五〇）を超えるというハチャメチャ状態での緊急入院となった。その後自他ともに認める優等生患者として当初予定の三週間を待たずして六月十六日退院の運びとなる。がしかし、ジャーナリストという仕事はそんなヤワなものではなく、どうも自意識過剰であればあるほど、ストレスが増大する職種のようである。ふとした出来事をきっかけに手の平を返したかのように抑制を崩し、転落の一途を辿り再入院。こうして心身ともにズタズタのどん底を垣間見たところから再度必死の這い上がりを開始するのである。鴨さんにとってこの這い上がりの命綱こそが「剣道」なのである。

二度目か三度目かにお会いしたときの会話のなかで、六段位（剣道ではこの段位から高段者といわれ、優秀な二十歳の若者が相当の自己犠牲を払って継続的に取り組んだとしても十年近くの歳月を要する）挑戦の意志を漏らされたと記憶しているが（当時四段）、そのとき正直いって私は少なからぬ衝撃を受けた。血糖値をたえず気にしながらという脆弱な身体的条件。それに本人いわく「新しい雑誌を世に出すことは男が子供を産むより難しい」R誌編集の仕事の苛酷さを考えると、とても論外なことのように思えたからである。四十七歳発病、一年に二回の入退院を繰り返した後、驚くことにはなんと六年目にしての快挙なのである。

「一寸先はわからない」と言いつつ歩んできたこの間の道程を想うとき、身の毛のよだつような言い知れぬ興奮と感動を覚えたことであろう。鴨さんにとっていったい剣道とは何なのであろうか。糖尿病は、ある段階と年齢までは節食と運動とによって回復できるといわれ、「食わないようにして一生懸命歩く」というのが鉄則のようである。その意味では、この歩くことと同列の一つの手段であることも否定はできないものの、一方ではそんな枠組みをはるかに越えた存在であることもまた事実であろう。

風狂の世界―生きることは不思議な仕事―

〈左をつなげるには頭を上に抜く〉という私の表現を彼は「稽古不足で身体の軸がゆるんでいたと思っていましたが、言葉で身体に命じることを失っていた。あるいは、正確な言葉を知らなかったことが原因するようでありました」として「頭頂をつねに限りなく天に近づけて左足の一点で立つ」ととらえ直す。そして「軸がスッーと伸びて、グチャグチャにならずにドーンと前へ踏み込める。この稽古でなんともすっきりし、また来週からの雑用の日々をうまくこなせるような感じです」と結ぶ。

また、あるときは「すべてを忘れ〈左のつながり〉と〈ハセの拍子〉だけを考え、一直線に前へ出たら」対峙する私の面に竹刀が届いていたと。そしてその出来事は何度胸中で繰り返しても感動的でうれしいとして、「一度はあきらめ、みずから捨てようとした生命がいままさに沸々と生き返ろうとしている巡り合わせに、真から生きていることは素晴らしいのだという釈尊の言葉に至ります」そして「何となく遠い所に光脈を垣間見ては、また俗事に戻る繰り返し。それそのものが私という存在なのか、生きることは不思議な仕事と思います」と結ぶ。

そうかと思うと、通いの道場の朝稽古で、したたかにむかえ突きを浴び続け、我慢も越えたらしく「なる程、剣道は歌舞伎ではないわ。格闘技そのもの。負けてなるか」とばかりに相手と突き合いまくったという報告もある。「ハッと我に返ったのは私で、刀を納めこちらの無礼をわびて終えましたが、なんとも後味の悪いこと。先方からも〈失礼しました〉との挨拶をいただいたものの、何で狂ったのかの疑問は氷解せず、胸や首筋の竹刀跡の痛みをかみしめつつ、〈人の縁とはヒリヒリするもの〉という永平寺の僧の言葉を思い出したり、〈病人剣道から常人剣道へ入る洗礼を受けたのか〉と考え直してみたり、心澄まぬ一日を過した」とか。

溜息混じりに帰宅すると、

潑剌凜(はっしりん)
無きを恨まず
有り合わせ
精一杯の剣
心花打発す(しんけだはっす)

という私の駄句の葉書。

「はあ。なる程と、この日一日の出来事に句読点が打たれた。天からのメッセージを感謝しました」

という弾けたお便りもある。

とにかく「剣も人生も毎日やってみなければわからない明日のことは人知を越える」とばかりの風狂ぶりなのである。そこにはみずからの〈身体意識〉にピッタリくる〈言葉感覚〉を求めてやまない研ぎ澄まされた感性と理性がうごめき、まさしく本（仕事）副（剣道）逆立ちの凄味が漂う。

炭鉱のカナリヤ—豊かさのツケ—

鴨さんは今春まで「私は地球であり、一つの惑星aでもある」と極めてインパクトの強い言葉を吐いて、A新聞社のR雑誌編集長として創刊以来三周年を勤めあげた。「日本人の四十歳以上の十人に一人が糖尿病に罹っている」というショッキングな事実を我々はどのように受けとめるべきなのか。彼の社会復帰後の闘病生活はまさにこの問いかけから始まる。

「ニッポン列島の血糖値は異常に高くなって、尿糖として流れ、さらに蛋白質、脂肪までが分解して体外に出ているところではないか。体はこれからげっそり痩せ、やたら狂ったように飲み食うようになり、さらに流れ出しは絶え間なくなる」として今日の日本の社会は「糖尿列島」であると診断を下す。辺見庸はその著書『もの食う人びと』のなかで「東京では日々、五十万人分の一日の食事量が残飯化されている」と、さまざまの国の厳しい生活状況を紹介しながら日本という国の異常さを警告する。

いずれにしても、昨今の動向を見るかぎりではこの指摘はまさに的中した観があり、日本の経済構造や社会全体の仕組みが度を過ぎた危険な病状にあることはまぎれもない事実である。もはや、「豊かである」ことと「豊かすぎる」ことの境目が見えなくなってしまった社会なのかも知れない。鴨さんは、こうした日常性のなかで、「物欲刺激文明」と「焦燥感の煽り風潮」という公害病の先駆的被害者としてみずからを規定するに至る。そしてけなげにもしぶとく生き残って、「炭鉱のカナリヤ」役をみずから買ってでて病める国日本への警鐘を鳴らし続けることを決意するのである。

生涯剣道―道遥か―

ここで「私は地球であり、一つの惑星ａでもある」という彼の魅惑的な言葉を再度登場させたい。鴨さんの剣道への想像は果てしなく拡がってゆく。「地軸の傾斜角度二十三・五度を構えにおける身体のどの部位に配置するか」の観察と実践に始まり、「強い弱いの問題ではなく地球の理合いを範とし、人体の動静をいかに限りなく地球に近づけ、しかも休みなく規則的に繰り返すのかが〈道〉ではないかと」。したがって到達点はなく、毎回稽古では軸を縮め、腰を入れ、マグマに相当する子宮ないしは丹田をモーターにスーッと前へ出る行為に剣道を超えた愉悦感を楽しむことがそれであることを思います」といった具合にである。

老いてなおその強さが進行する非情なる世界である剣道は、また同時に、老若男女が一堂に会し、交剣知愛の交流を逞しくする三世代性文化としての和合の世界をも合わせもつ。「子供叱るな来た道じゃ、年寄り嫌うな行く道じゃ」とは弘法大師の教えであるが、この教えがピタリとはまる世界を実現しようと夢見るのも剣道である。世阿弥は「ときどきの花」から「まことの花」に至る芸の終生修行の大事を説いているが、剣道にも「事理一致」という教えがある。事を〈わざ〉、理を〈こころ〉と読み、事を〈できる〉、理を〈わかる〉とも置き換えてその往還のなかに〈わざとこころの世界〉の洗練、深化をめざすのである。

鴨さんの「地球を模する剣道」の生涯にわたる〈わかる〉と〈できる〉の苦しくも心うれしき往還に、次の言葉を添えて心からなる拍手を贈り結びとしたい。

「驚きが喜びに、喜びが感謝の礼にそして合掌へ。ここにおいて人類は動物と決別する。やがて合掌は思い余った躍動によって拍手に変わる」

2　重ちゃんのピースサイン（企業戦士からの復帰）

「オーイ　正（まさ）ちゃん今度京都へ六段受けに行くことになったけん」

それは高校時代のクラブマネージャー「重（しげ）ちゃん」からの弾んだ手紙である。地元の大学へ進学し、ここでもマネージャーとして人のお世話役を買って出て、選手としての経歴は皆無（？）に近い重松冬彦氏である。卒業後、彼は地元企業へ就職し、一九六〇年代からの高度経済成長政策の余波を受けての一九七〇年代から一九八〇年代にかけて、十六年あまりを企業戦士として昼夜を分かたぬ多忙な日々を送り、剣道とは絶縁の生活にあった。聞くところによるとお子さんと一緒に竹刀振りを再開したとか。

そして四十五歳にして「発心即到」の合格を見事に決めたのであった。

「お父さん、今回は家計で受験費用はすべて賄いますが、どうせ何回も落ちるんでしょうから次回からはお父さんのポケットマネーでよろしくね」と女房から釘を刺されてしもうたと、受験の気恥ずかしさをこんな風にカムフラージュさせての便りであった。なんとも微笑ましい。手紙を拝読しながら、なにか昔懐かしい匂いがしてきて、胸がキュンと締めつけられるようなうれしい気持ちにさせられた。

「おお、待ってるからな、その気になってこいよ」

さて、審査当日、二人で審査会場を見渡しながら

「オイ重ちゃん、よく見てみい、若い連中は技が失敗してもその後の立ち直りというかフォローが素速いから失敗も若干許されるけど、年齢が上になるにつれて失敗後の立ち直りに時間がかかり過ぎてみっともないやろ」

「ほんまにそうやなあ」

「ほら審査員の先生方もここのところのチェックが厳しいと思うよ」

「失敗しても尾を引かないで、素速く対敵動作に移ることこれ一つな」

「それから初太刀の八割くらいが面、重ちゃんの面は少し間伸びしているから、失敗後が怖いから立合のところの勝負はやめとこや。その代わり、攻めを厳しくしながら、返し胴一本に絞って立合、相手がショックを受けたところで、二の矢が得意の面や、あとは気を抜かずにその場の状況に乗っていこうや」

「ウーン、できるやろうか、でもそうやなあ、やってみるわ」

一人目、なんとなんと見事に「返し胴」も得意の「面」も見事に炸裂し、その後も成すことすべてが重ちゃんのペース。二人目も気分の乗ったところでスタスタと技をつかう。審査を終えて男の花道を歩くかのように帰ってくる雄姿が目にまぶしい。なんとこともあろうに、彼の手は余裕のピースサインであった。剣による自己表現をこの上もなく見事にやってのけた重ちゃんと祝盃を挙げるべく居酒屋へ。平静を装いながらもニタニタとしながら奥さんの「どうせ何回も……」という言葉にしてやったり顔の様子がうかがえ、彼の心は松山の奥さんのもとに飛んでいってしまっていてもうすでにここにはない。まさに「発心即到」（四国五十番霊場繁多寺・小林隆盛住職に合格記念に揮毫していただき手拭に染め抜いた言葉）の達成感の喜びにつつまれていた。

現在、彼は会社幹部の仲間入りを果たし、精力的にその仕事をこなしながらも、剣への夢断ちがたく、少年剣道指導のみならず、みずからの心うれしき剣振りに磨きをかけている。競り出したおなかのスリム化に努めながらも、時折交える剣には人との交流と年輪の凄みが増し、酒の旨さを堪能している。

3　剣道それは二対二（重度障害児の剣道授業）

「先生、剣道は一対一じゃなくて、二対二でもやれるもんなんですね」。あまり耳慣れない言葉が行き交う。香川県下の授業で重度障害児の「車椅子剣道」を実践した教え子向井裕見子君からのメッセージであった。授業記録のビデオを観ていくにつれて、彼女の「二対二」という言葉の意味の重さを実感させられていった。最初は「握れない」「声が出ない」子供たちになぜに剣道なんだろう？　先生方主導の授業展開の意図もなかなか理解できないでいた。

　これまでどんな教材を選定して授業を展開してみても子供たちに目に見える変化は顕われなかったという。時間を追うにしたがって「握ろうとする手」「声を出そうとする身体」が後から抱えている教師の手や胸に伝わってきたときの感動はさぞや圧巻であったであろう。「それはそれは涙が止まらない程うれしい感動的な時間でした」との報告であった。「竹刀による、打つ、突く、かわす」剣道の〈対人的、運動性〉という特殊性が彼ら彼女らの身体のなかでいままで深く沈潜し眠っていたモノに火をつけたのである。

　直接、間接的な身体部位への竹刀という道具による打突、刺激は障害児たちにとって想像を絶するような後にも先にもない強烈なものであったのであろう。それにしても、重度の障害を抱える子供たちがみずからの生命体の摩訶不思議さに遭遇する場面に身を置くことができた教師たちの喜びは、身震いするような感動的でスリリングなゴールデンタイムであったことであろう。

その後の子供たちの潜在能力の開発にどのように貢献できていったのかは報告を受けていないが、時代を越えて剣という棒振りが「人間の生命」と深くかかわる行為として存在していることに改めて気づかされたのであった。

4　健気なる片腕剣士

私どもの学生に高宮敏之君（大学二年生）という片腕剣士がいる。幼少の頃に右前腕を失う切断事故に遭いながらも「体育教師となって剣道を教えたい」という将来への夢を抱いて入学してきた。

高校時代全国的にもトップレベルの熊本県代表としてインターハイにも団体出場しているつわものである。なんとも驚くことに身長一五八センチ、体重五十キロで体育系の大学生のなかにあって際立って小柄な体格である。農家という堅実な家庭環境、そして阿蘇の雄大な自然に包まれた生活環境によって育まれてきた。そのなかでみずからが誰の助けも得られない一対一の「自分で自分を自分する」剣道と出会い、さまざまな場面で自立的に生き抜く術を身につけてきていることに驚かされる。

みずからハンディは特別なものではなく、みずからの個性としてとらえ、誰とも日常生活場面にあって対等かつ普通に接する態度も身につけてきている。

彼を観ながら想うのは幼少の頃、興じたチャンバラ遊びである。右手を斬られれば左手で、左足を斬られると右足のみでと……。無い無いねだりをしないで残されて今あるもののすべてを武器にして最後まで闘う。まさに彼はそのままの生き方をしている。その素敵さに敬服している。

もちろんいつもさりげなくヘラヘラと笑っている彼の裏側は人知れず考え悩み、葛藤をし抜きながら生きてきているであろうと思うのである。

国民の誰もがみな「健康で文化的な生活を営む権利」を有している。

障害を持った人々にあっても障害者手帳に示されているような特別の措置（権利）を受けられるようになっている。スポーツの世界にあってもパラリンピックへの注目や関心が集まっている。彼もまた将来においてこうした福祉的恩恵を快く受け入れられる時もくるであろう。しかし今は誰の力も借りないで自分の顕在潜在の能力や技の開発に余念がない小さな巨人なのである。

この頃、彼に対するマスコミ報道関係の攻勢も多い。そんななか、先般の大阪学生剣道新人戦において彼は見事、個人優勝に輝いた（個人戦エントリー九十三名、七回戦を勝ち抜く）。大会当日、テレビカメラが一日中彼の姿を追跡する。そんななかで集中力を絶やすことなく戦い抜いての優勝は多くの人たちに感動を与えた。もちろん競技規則的にはなんの特典もなく、双手剣のなかにあって一人片腕の剣使いである。大会三週間ほど前に「竹刀を短くして戦う」という英断を下すのである。

一般的には竹刀を短くすることは相手からは自分は近く、自分からは相手は遠くなり、不利を背負い込むこととなる。その代償として左手一本での広角的な振り下ろしによる打突が可能となる。この後者を選び、左手一本というハンディを補う方法の開発に専念しての勝利であった。健気にも強かな小さな巨人である。

5　からだが喜ぶ一足一刀のリズム（中高年齢者のうるわしき剣振り）

私はいつの頃からか、多くの剣の師と邂逅を重ねることによって剣道が日本民族の顕わし出した最高の文化価値の一つであると確信するようになった。「この価値の何をどのように継承し、そこにどのような新しい価値を創造していくか」という課題の前に我々剣道愛好者の誰もが等しく立っていることを深く想う昨今である。

近年の剣道界の動向の大きな特徴は、「少子高齢社会」をむかえての少年剣道人口の激減と、それとは逆に女性の愛好者をふくめた中高年齢層の増幅現象にあると言えるであろう。戦後急ピッチで高度経済成長を達成した日本社会はそれ以後、さまざまな紆余曲折を経てなお長引く経済低迷にあえぎ、いまデフレ不況の真只中にある。この間諸々の社会制度や組織機構の改革が各方面で着手され、慌しさの中閉塞感とあてどなさが漂う。多くの高齢者とその予備軍にある人たちにとって、老後問題に大きな不安が募っているのも事実である。不安を抱えながらもみずからの人生を豊かで実り多きものにしようとする自力、他力的取り組みの蓄積はやがては成熟した社会の構築をもたらすであろうが、それにはまだまだ多くの時間と労力が必要とされるであろう。その意味でも「生涯学習」「生涯スポーツ」「スポーツフォーエブリワン」等々の標語に込められた期待は大きい。

先にも記した「病気」や「障害」との闘いや共生を志向する剣道愛好者や、企業戦士からの復帰組、加えて中・高年齢からの開始組層も多い。剣道という文化の襞(ひだ)に秘められた広大無辺なる価値の多様性にいまさらながら驚かされる。

「技術（わざとこころ）を離れて人間の問題を語ることはできない」とは剣道の文化性の根幹にかかるテーマである。つまり、「わざとこころの洗練・深化性」という「名人・達人の文化」としての縦軸的価値に引き寄せられながら、「多様性」という「大衆文化」としての価値が横軸的な広がり世界として織り込まれて存在している。この縦・横のバランスと相互保全機能をどう維持していくかが組織運営にとって極めて重要である。

最近、年間を通して女性愛好者をふくめた中・高年齢で剣道を始められた人たちとの交流も増え、その指導指針について思い悩むことも多い。というのも、昇段の過熱ぶりが異常であると思えるからである。段位は各個人にとって努力目標には成り得ても目的そのものとなってしまえば、かえって主客が転倒してしまい、剣道界を窒息させてしまうことにもなりかねないからである。

中高年齢から始められた人たちは、どうしても動作がどこかぎこちなくて、上肢主動型の剣道からの脱皮が難しいのが一般的である。いわゆる「一足一刀」のリズムが十分に体得できないまま、先送り的に相対の世界へとトコロテン方式的に押し出されていってしまうのである。剣道は竹刀による〈打つ、突く、かわす〉運動であることから、「一足一刀」のリズムの習得（運動・技術系）はなにをさて置いても身につけなければ先にはすすめないものなのにである。これは単に剣道という運動の技術的基礎というに留まらず、このリズムに乗ることが出来ると体が喜び、うれしいのである。

この喜びとうれしさを体解することが、これまで永年にわたって人生を生きて、みずからをカタチ作ってきているシガラミを解くことにつながってくるのである。

幼少の頃初めて「水に浮かんだとき」「自転車に乗れたとき」の感動を想い出せば簡単に理解できることである。体が気持ちよくないままに運動的瞑想法であるとしての剣道という運動を強いることの罪の大きさを痛感せずにはいられない。なにはさておき、まずはこの「一足一刀」の拍子の習得が最優先されなければならない。

ドイツの哲学者オイゲン・ヘリゲル氏の著書『弓と禅』はあまりにも有名であるが、ヘリゲル氏は二メートルほどの距離に置いた巻藁を的代わりに射ること四年。この間、阿波研造範士から徹底して「呼吸法」と「弓を腕の力で引いてはいけない。心で引くこと。つまり筋肉をすっかりゆるめ、一切の力を抜いて引くことを学ばなければならない」ことの指導を受け、西欧的合理主義との狭間に揺れ動く葛藤のなかでの懸命な習得が綴られている。

まさに、表面的には単純に見える運動を通して、みずからの身心を解放し、又あらたに集約させていく過程が生々しい。剣道にあってこれに匹敵するものが〈素振り・打ち返し・打ち込み〉における「一足一刀」のリズムと言えるであろう。ここを「体が喜び、体がうれしい」ことの習得期間として大切に位置づけていくことの重要性を痛感する。ここでのゆっくり、じっくりとした時間の流れのなかで飽かさせない指導者の指導内容と指導力が問われる。実は文化としての壁の深さへの気づきや誘いの意義もここにあると言えよう。これはやがては「呼吸」と「動き」の一体化（端正、調和系）へと発展することとなる。そして高齢者にとっての養生運動ともなり、しかも美しく、無理のない、メリハリのある「一足一刀」の動きへと連動していく。

「素振り」を相対化させた「剣道形」の意義とその重要性に気づき、「技」の習得過程と相即させたり（素振り――剣道形――技の習得過程）、「懸（ゆける―踏み込み足打突）待（できる―すり足打突）」の一足一刀のリズムの連続的動作から「技の使い方」へと発展させていく（〈素振り――打ち返し――打ち込み〉↕〈技の使い方〉）。

この段階にあって、一番大切なことは余り先走らないで「一足一刀」のリズムが崩れたときには元に戻って修復させながら又先にすすむという「じっくり、ゆっくり型の醸成観」ということになるであろう。

三つ目は、日々の稽古集団内においてつねに謙虚に自分のポジションを学ぶ姿勢（共導・共習系）を持つことである。このことによって周囲から寄せられた期待感とみずからの存在感が見出され感謝の念が生まれてくる。つまり、三世代性文化としての剣道の集団内にあって、縦軸的価値である「わざとこころの洗練・深化」の橋渡し役として、また横軸的価値である「多様性」のつなぎ役としてのみずからの位置取りを工夫しつつ、どう見極めていくかということになるであろう。

ちなみに、少年剣道の指導指針は、先ず先の中・高齢開始者と同じく、「一足一刀」のよりよきリズムの習得過程（運動・技術系）を指導展開の中軸に据える。そして両脇に掛け声・発声を重視し、旺盛な気力を喚起させる「元気のポンプアップ剣道」（集中・発散系）と格闘技であるがゆえに人と人との間柄を立派なものとし、爽やかで、清清しいものとなるための「礼法の実践教育を徹底する」（礼儀・徳育系）ことにある。

このような指導指針のもとにからだが喜び、うれしい「一足一刀」のリズムの系統的な展開につとめ、人を飽かさせないで、上達の方向性をしっかりと見据えることのできる指導力がいま一番求められていると言えよう。

うれしく生き、美しく老いる

私は、「子ども叱るな来た道じゃ、年寄り嫌うな行く道じゃ」という弘法大師の言葉を広くも深くも〈三世代〉という人間社会におけるさまざまな局面のくくりとして大切に受け止めてきている。詳しくは第四章「剣道国際化における文化と競技の基本スタンス」を参照していただきたい。

1　少子高齢社会は行き詰まった社会ではない

要約的に述べるならば、剣道の文化としての特殊的本質は、一つに、双手剣の理としての〈対人的・運動的・技術性〉というヤルかヤラレルかのギリギリの場面性を前提とし、二つには、「老若男女の共習、共導性」の強い三世代性の文化であるということ。三つには、東洋的身心論を基底に下敷く文化性にあると結論する。「少子高齢社会」を誰しも老朽化した活力のない行き詰まった社会であるという悲観的な見方に拘泥してしまいがちであるが、必ずしもそうではなくて、逆にこれからは「成熟化した社会」としての観点が極めて重要となってくる。

「元気を出して、しっかり死んでください！」。これはノーベル文学賞作家である大江健三郎氏の長男光氏が少年の頃、四国の森の村に帰省し、おばあちゃんにお別れの挨拶として発した言葉である。「はい、元気を出してしっかり死にましょう。しかし、光さん、おなごりおしいことですな！」と応答したという。光氏は知的障害を持つ少年であったが、その後、音楽の才能が開花し、素晴らしい作曲を手にし、活躍中である。妹さんが「余りにもひどいんじゃないの」と道すがら光氏と話し合ったとか。「誠に失礼いたしました。言い方が正しくありませんでした！　元気を出して、しっかり生きてください！」と家族の見守るなか、電話で言い直したとか。実に家族愛の深さを彷彿させるエピソードであることか。そしておばあちゃんがその後、大変な大病を患われた由、そして幸いにも恢復されたときに「自分が闘病中、いちばん力づけになったのは光さんの〈元気を出して、しっかり死んでください!〉という言葉であった」と妹さんに述懐したという。「自分は年を取ってしまったこと、これからの大仕事が死ぬことだということ、いままでたいていのことは経験してきたけれども、死ぬことは初めてだから、しっかりやらなければならないこと」。こんなことを孫たちによく語っていたのだそうである(註3)。

2　ありあわせ精一杯で余りあるものを創出する

先に紹介した「老剣士の剣振り」もまた、まさにこのボタンの掛け違えのない姿であるということである。みずからの老いを、そして死を見つめ、それぞれの「老後の初心」を心うれしく「死ぬまで生きる」姿なのである。無くなっていくものを深追いしたり、恨みに思ったりしないで、ありあわせ精一杯で補いつつも余りあるものを創出していく。ないないねだりをしないで、そこにあらたなる自己を創造し、淋しさを越え、孤独を愉しむ老剣士のうるわしの世界が拡がっているのである。

老いを自然体で受け入れながら、好きな剣道に精神を集中させ、三世代の共習・共導の場面に身を置く幸福とともに社会に貢献できるみずからの存在に感謝して生きる。そこに老いてなお洗練・深化していくみずからの剣技・剣境にうれしく生きるのである。まさしく風鎮そのものの世界であり、社会的には役職や地位において第一線を退くものの、「芸」の世界では生涯現役なのである。今後ますます老成化が進行する我が国の「少子高齢社会」に光明を投げかけて余りあるものがある。

近年は人と人、人と自然、その付き合い方に大きな変化が現われ、不可解な事件、事象が多発している。剣道の「間柄を重視する」という精神風土を再吟味し、三世代間にわたる社会現象としての教育的基盤整備が急がれる。

ひふみのこと

悲しんでいても喜んでいる者がいる
怒っていても喜んでいる者がいる
苦しんでいても喜んでいる者がいる
生命は怒りや悲しみや苦しみでは——そんな外側のものではどうすることも出来ない
意識の下層部にいる生命はそんなものではかすりきずさえも付けることは出来ない
生命はどんなことが起こっても喜んでしかいない
だからこそ生命は生き切るのだ（生命が不死なのは其為なのだ）人は喜ぶとひとりでに愉しくなるのは内にいる生命体なる喜びと合体するからである

（河井寛次郎記念館編『河井寛次郎の宇宙』講談社）より

一人一人の剣振りに「この喜んでいる者」なる存在が宿っていると信念するならば、それは「本體」と名づけられる者であろう。「まだ修せざるにはあらわれず證せざるには得ることなし」という剣道における修證一如の道程は、このことの師弟間における確かめ合いであり、かつ解行としての「師弟同行」の行為に他ならない。

人は信念とともに若く
疑惑とともに老いる
人は自信とともに若く
恐怖とともに老いる
人は希望ある限り若く
失望とともに老い朽ちる

（サムエル・ウルマン『青春という名の詩』産能大学出版部）

この詩は、老いを全面的に否定しているものではない。いや、むしろ「老いをどう生きるか」としてとらえるとき、輝きをもって迫ってくる。美しく、かつうれしく老いることの極意を示唆していると言えよう。

【引用文献】

註1　小川忠太郎『百回稽古』体育とスポーツ出版社（2000）
註2　永六輔『職人』岩波新書（1996）
註3　大江健三郎『恢復する家族』講談社（1995）

【参考文献】

・現代用語の基礎知識　2002　自由国民社
・冷水豊『少子高齢社会（Agedsociety）』imidas　2002　集英社
・小川直宏「人口（Population）」朝日現代用語「知恵蔵2003」朝日新聞社
・『体育の科学』JR Vol.52　No.10　特集「高齢者スポーツのすすめ」2002
・守屋洋『中国古典一日一言』PHP文庫（1987）
・作道正夫「鴨さんの夢」櫂第2号（1997）大阪体育大学コーチング誌

あとがき〜題字に寄せて〜

宮本武蔵の『五輪書』には、各項尾を締め括る言葉として「能々吟味・工夫・鍛練すべし」が頻繁に使われている。その中にあって「朝鍛夕練」の四文字熟語が一際存在感を漂わせている。月刊『剣道時代』の連載（二〇〇二年六月＋七月合併号〜二〇〇三年六月号）において〝「千日の鍛万日の練」盡し勝負は一瞬〟を標題としたものが本書の骨子となっている。そしてこの時の副題であった「快剣撥雲」を標題に改め、加筆修正し刊行したのが本書である。

そもそもこの「快剣撥雲」とは、剣道近代化推進の中心的役割を果した高野佐三郎範士揮毫の「快剣掃雲」の流れを汲むものである。奈良の秘境十津川の地にあっても戦後ＧＨＱの占領下のこと、「剣」の字は相応しくないとしてこの「剣」の字のみが消し去られたままとなっていた。その後、剣道が復活を遂げ、しばらくたった或る日、御子息の高野弘正範士がこの額とこの地で遭遇され、万感の思いを込めて「剣」の一字を書き入れられたと聴くこの父息共作の額は現在、奈良県立十津川高校の剣道場に異彩を放って懸けられている。

月日は流れ、当時十津川村議会議長も勤められた故山本寿次氏の求めに応じ、当時東大寺長老であった清水公照老師は「剣」を「刀」に、「掃」を「撥」に書き改められ「快刀撥雲」と筆下ろしされた。

老師の「刀」を「筆」に持ち換えられての運筆捌きは、さながら雲（無明住地煩悩—迷い）を撥（はじ）くことを感得させるスケールの大きな出来映えである。

こうした一連の精神の流れの摩訶不思議さを有難たくも頂戴する幸運に感謝せずにはいられない。とはいえ一介の剣振りが、この経緯を「快剣撥雲」と受けとめ、自ら綴った一冊の表題とさせて頂くことに気恥しさを感じてもいる。しかしながら剣道という事象を一文化現象として把えようとすると き、剣道も又、我々人間と同様この時代、この社会に生きる生成体そのものであることも事実である。それはまさに、稚拙の域の脱出作業としての継承と、形骸化打破作業としてのあらたなる価値創造との連鎖の中にある。その行方は、いわば我々剣道愛好者一人一人の日々の「快剣撥雲」なるうるわしの剣振りに托されている。この一書が願わくば一助とならんことを祈りたい。

かねてから友好を重ねてきている書家であり画家でもある千原艸炎（そうえん）氏（大分日田市在住）に題字の筆下ろしを快く引き受けて頂いた。氏の描く羅漢さんそのままに感謝合掌したい。又、連載と刊行にわたって万般厚情を尽して頂いた月刊『剣道時代』の小林伸郎氏と、あれこれと芯身に手伝ってくれた院生の樋口崇、目黒大祐、伊藤武徳君に心より感謝申し上げたい。

二〇〇四年七月吉日

作道正夫

作道正夫（さくどう・まさお）

昭和22年愛媛県松山市生まれ。松山北高校から東京教育大学に進み、中野八十二範士、湯野正憲範士に師事する。同大学院修士課程修了。北豊島工業高校定時制、日比谷高校、慶應義塾大学などを経て昭和49年、大阪体育大学に着任。現在、同大学教授。剣道教士八段。

快剣撥雲（かいけんはつうん）——豊穣（ほうじょう）の剣道（けんどう）

2004年11月15日　初版　第一刷発行

著　者　作道正夫（さくどうまさお）
発行人　橋本雄一
発行所　株式会社体育とスポーツ出版社
〒101-0054　東京都千代田区神田錦町2－9　大新ビル
TEL 03－3291－0911
FAX 03－3293－7750
振替口座　00100－7－25587
http://www.taiiku-sports.co.jp
印刷所　三美印刷株式会社

快剣撥雲　豊穣の剣道（オンデマンド版）

二〇二三年十一月三日発行

著　者　作道正夫

発行者　手塚栄司

発行所　㈱体育とスポーツ出版社
東京都江東区東陽二－二－二〇　三階
電話　（〇三）三二九一－〇九一一
FAX　（〇三）三二九三－七七五〇

印刷所　㈱デジタルパブリッシングサービス
東京都新宿区西五軒町一一－一三
電話　（〇三）五二二五－六〇六一

ISBN978-4-88458-438-2　　Printed in Japan　　AL345